목사를 위한
산상수훈

세페르

SERMON on the MOUNT for PASTOR

By Kim Seung Gyum

Published by Sepher
1412-20 SeoHaeRo, Anjung-eup, Pyeongtaek, Korea

Copyright ⓒ Sepher Publishing House All rights reserved.
No part of this book may be reproduced or transmitted in any form,
by any means without the prior written permission of the publisher.

목사를 위한 산상수훈

초판 발행 2025년 4월 10일
지은이 김승겸
펴낸곳 세페르
편   집 세페르성서목회연구원
주   소 경기도 평택시 안중읍 서해로 1412-20
전   화 010) 4696-0903
이메일 holycm@daum.net

저작권 ⓒ 세페르 성서목회연구원
이 책은 저작권법에 의하여 보호되므로 서면에 의한 허락 없이
무단 전재와 복제를 할 수 없습니다.
ISBN 979-11-992115-0-6
일러두기 본서에 사용된 성경 본문은 개역한글성경을 사용하였습니다.

머리말

산상수훈의 중요성과 신학적 범위

산상수훈은 마태복음에만 종합된 형태로 나타나고 있다. 공관 복음에는 부분적으로 유사한 교훈들이 수록되어 있다. 그러나 오직 마태복음에서만 산상수훈의 내용들을 종합적으로 수록하고 있다. 이는 본문의 저자가 산상수훈의 현장 안에 예수님의 핵심 교훈들을 집약하여 모세의 토라에 상응하는 권위로서 하나의 완성된 세트를 제시하고자 한 것으로 볼 수 있다. 즉 예수가 누구신지, 그가 가르친 교훈이 무엇인지를 특히 기존 성서(토라와 예언서와 성문서들)에 익숙한 유대인 독자들에게 핵심 메시지를 제시하는 것이 될 것이다.

이처럼 마태복음의 산상수훈은 토라와의 연속성이 강조되어 있으며 동시에 토라에 대한 당시의 기존 이해를 초월하는 권위 있는 해석을 내림으로써 예수가 곧 하나님의 아들 메시야이심을 증거함과 동시에 천국 백성의 세계관을 깨우치게 한다.

즉 예수 그리스도는 토라의 파괴자가 아니라 완성자로서 시내산에서 발원되어 이어져 온 하나님의 교훈을 완성한다. 이는 약 1천여 년 만에 이루어진, 그 어간이 대략 1천 년간의 역사적 경륜이 흘러온 끝에 마침내 이 산 위에서 완결된 것이다.

요한복음이 말씀하는바 예수 그리스도는 태초부터 계시던 말씀이 성육신하여 우리 가운데 찾아오신 분으로서 이렇게 하실 수 있는 유일한 권위를 가지고 계신다. 이로써 제자들에게 완전한 지식을 주셨다는 사실을 마지막 두 절에 무리의 반응과 느낌을 통해 나타내고 있다.

산상수훈은 모세의 토라를 완성할 뿐 아니라 이스라엘이 전에는 거의 가지지 못했던 하늘나라 백성의 인생관과 세계관을 정립해 준다. 진정한 삶은 여기에서부터 시작되기 때문이다.

　산상수훈의 목적은 토라의 보충에 머물지 않는다. 산상수훈의 진짜 목표는 천국 복음에 있다. 예수님의 교훈들은 모두 천국에 초점이 맞추어져 있고 이것이 모든 제자의 기본 세계관이어야 한다고 가르친다. 즉 종말론적 세계관이다. 이어서 반드시 마주하게 될 종말론적 결말 앞에서 우리는 복 있는 자가 되어야 하므로 하나님의 뜻을 따라 살아야 할 것을 교훈한다.
　따라서 산상수훈은 이하 복음서에 펼쳐지는 예수님의 모든 사역과 말씀들을 이해하는 철학적 기초, 신학적 기초를 제공한다. 이는 신약 성경 전체의 말씀들로 그 맥락이 자연스레 이어진다. 산상수훈의 신학과 세계관을 전제로 하지 않고는 신약 성경의 영성을 제대로 흡수할 수 없다. 동시에 이는 구약 성경의 율법(토라)과 예언서들의 이해에 있어서도 마찬가지라 할 수 있다.
　산상수훈의 복음 선포를 통해서 마침내 구약의 율법과 예언들의 마지막 여백들이 채워져 완성되었고, 산상수훈이 가르치는 철학-신학적 관점은 구약의 말씀들과 이후로 이어지는 신약의 말씀들을 이해하는 해석적 사유의 기초를 이룬다. 이는 전적으로 예수 그리스도께서 직접 말씀하신 어록들로 집성되어 있다.

산상수훈

내 용

1. 팔+1 복 (마 5:3-16)   12
    1) 심령이 가난한 자   16
    2) 애통하는 자   18
    3) 온유한 자   20
    4) 의에 주리고 목마른 자   22
    5) 긍휼히 여기는 자   24
    6) 마음이 청결한 자   26
    7) 화평케 하는 자   29
    8) 의를 위하여 핍박을 받은 자   32
    9) 예수를 인하여 핍박을 받은 자   34
2. 세상의 소금, 세상의 빛 (5:13-16)   37
3. 율법과 예수 (마 5:17- 19)   42
4. 예수님의 미드라쉼 (마 5:20-48)   47
    1) 제자에게 요구되는 의와 구원 (5:20)   47
    2) 의에 대한 여섯 가지 율법 강론 (5:21-48)   51
     (1) 살인 금지 계명에 대하여 (5:21-22)   51
     (2) 사람 간의 관계에서 의의 실현의 중요성 (5:23-26)   53
     (3) 간음 금지의 명령에 대하여 (5:27-28)   55
     (4) 범죄의 심각성 (5:29-30)   56
     (5) 이혼법에 대한 재해석 (5:31-32)   58
     (6) 맹세 관습에 대하여 (5:33-37)   60

(7) 원수에 대하여 (5:38-42)   63

   (8) 사랑의 계명과 소결론 (5:43-48)   68

5. 참된 경건 (6:1-18)   70

   1) 참된 구제 (6:1-4)   70

   2) 참된 기도 (6:5-15)   72

   3) 참된 금식 (6:16-18)   76

6. 제자의 세계관 (6:19-34)   77

   1) 보물을 하늘에 쌓아 두라 (6:19-24)   77

   2) 염려와 믿음 (6:25-34)   80

7. 제자의 길 (7:1-14)   83

   1) 비판하지 말라 (7:1-5)   83

   2) 진리를 낭비하지 말 것 (7:6)   85

   3) 황금률 (7:7-12)   87

   4) 제자의 길 – 구원의 길 (7:13-14)   92

8. 참된 구원론 (7:15-27)   96

   1) 진짜와 가짜 (7:15-20)   96

   2) 하나님 나라에 들어가는 기준 (7:21-23)   99

   3) 어리석은 사람과 지혜로운 사람 (7:24-27)   102

9. 결론 (7:28-29)   104

부록 : 산상수훈 새벽 설교문

1. 마태복음 1:1-16   106
2. 마태복음 1:17-25   111
3. 마태복음 2:1-12   115
4. 마태복음 2:13-23   119
5. 마태복음 3:1-10   124
6. 마태복음 3:5-12   129
7. 마태복음 3:13-17   133
8. 마태복음 4:1-11   137
9. 마태복음 4:12-22   142
10. 마태복음 4:23-25   146
11. 마태복음 5:1-3   150
12. 마태복음 5:3   154
13. 마태복음 5:3-12   157
14. 마태복음 5:4-6   161
15. 마태복음 5:7-8   165
16. 마태복음 5:9-10   169
17. 마태복음 5:11-12   173
18. 마태복음 5:13   176
19. 마태복음 5:14-16   180
20. 마태복음 5:17-18   185
21. 마태복음 5:19-26   189
22. 마태복음 5:27-48   194

23. 마태복음 6:1-8	199
24. 마태복음 6:9-13	203
25. 마태복음 6:14-21	207
26. 마태복음 6:22-23	211
27. 마태복음 6:24-34	214
28. 마태복음 7:1-6	218
29. 마태복음 7:7-12	222
30. 마태복음 7:12	226
31. 마태복음 7:13-20	230
32. 마태복음 7:21-29	234
33. 마태복음 8:1-4	238

개요

산상수훈은 다음과 같은 구조로 내용을 요약할 수 있다.

I. 서론 (5:3-16)
A. 의로운 삶의 기초 팔복 (5:3-12)
   제자도의 독특성
B. 제자의 길 : 빛과 소금 (5:13-16)

II. 본론 (5:17-7:12)
A. 낡은 "의"와 새로운 "의" (5:17-48)
   1. 연속성 (5:17-20)
   2. 낡은 '의'에 대한 여섯 가지 반론 (5:21-48)
B. 외적인 '의' 와 내적인 '의' (6:1-18)
   1. 구제 (6:1-4)
   2. 기도와 "주의 기도" (6:5-15)
   3. 금식 (6:16-18)
C. 하나님의 나라 (6:19-34)
   1. 재물이 아니라 하나님을 섬기라 (6:19-24)
   2. 먼저 하나님의 나라를 구하라 (6:25-34)
D. 몇 가지 교훈과 황금률 (7:1-12)

III. 결론 (7:13-27) (네 가지 대조의 메타포)
A. 좁은 문 (7:13-14)
B. 거짓과 참 (7: 15-23)
   1. 거짓 예언자들에 관한 경고 (7:1 5-20)
   2. 나는 너희를 알지 못한다 (7:21-23)
C. 말씀을 듣고 실천하라; 반석 위에 지은 집 (7:24-27)

1. 팔+1 복 (마 5:3-16)

3. 심령이 가난한 자는 복이 있나니 천국이 저희 것임이요
4. 애통하는 자는 복이 있나니 저희가 위로를 받을 것임이요
5. 온유한 자는 복이 있나니 저희가 땅을 기업으로 받을 것임이요
6. 의에 주리고 목마른 자는 복이 있나니 저희가 배부를 것임이요
7. 긍휼히 여기는 자는 복이 있나니 저희가 긍휼히 여김을 받을 것임이요
8. 마음이 청결한 자는 복이 있나니 저희가 하나님을 볼 것임이요
9. 화평케 하는 자는 복이 있나니 저희가 하나님의 아들이라 일컬음을 받을 것임이요
10. 의를 위하여 핍박을 받은 자는 복이 있나니 천국이 저희 것임이라
11. 나를 인하여 너희를 욕하고 핍박하고 거짓으로 너희를 거스려 모든 악한 말을 할 때에는 너희에게 복이 있나니
12. 기뻐하고 즐거워하라 하늘에서 너희의 상이 큼이라 너희 전에 있던 선지자들을 이같이 핍박하였느니라
13. 너희는 세상의 소금이니 소금이 만일 그 맛을 잃으면 무엇으로 짜게 하리요 후에는 아무 쓸데 없어 다만 밖에 버리워 사람에게 밟힐 뿐이니라
14. 너희는 세상의 빛이라 산위에 있는 동네가 숨기우지 못할 것이요
15. 사람이 등불을 켜서 말 아래 두지 아니하고 등경 위에 두나니 이러므로 집안 모든 사람에게 비취느니라
16. 이같이 너희 빛을 사람 앞에 비취게 하여 저희로 너희 착한 행실을 보고 하늘에 계신 너희 아버지께 영광을 돌리게 하라

개요

1절의 서사는 머리말에서 이미 설명되었다.

2절에 "입을 열어 가르쳐 가라사대" 입을 열어 가르치신다는 표현은 구약성경에 익숙한 양식으로서 어떤 중요한 선언이 시작될 것을 알려주는 친숙한 표현이다.[1] (욥 3:1; 33:2; 시 78:2; 단 10:16; cf. 마 13:35; 행 8:35; 10:34) 암

---
1. NICNT, *Matthew*, p. 158.

시하는 표현이다.

'팔(八)복' - '구(九)복'

또 산상수훈의 앞부분을 일반적으로 팔복이라고 부른다. 이는 마지막 두 가지 "복이 있나니"가 복음을 위하여 핍박을 받는 것에 대한 축복이라고 여겨서 하나의 연장으로 보기 때문이다.

그러나 이는 '핍박'이라는 주제에 있어서는 동일한 내용 같지만 굳이 이를 하나로 보는 것보다는 예수께서 말씀하신 대로 마지막 "복이 있나니(마카리오이)"도 별개의 축복으로 보는 것이 본문의 의미를 더 선명하게 이해하는 데 도움이 된다고 본다. 따라서 앞의 여덟 개의 "복이 있나니"는 3인칭으로 언급되고 있고 마지막 하나의 "복이 있나니"는 2인칭으로 직접 제자들을 지목하여 말씀하고 있다. 그러므로 이 문단 전체는 팔복으로 보는 것보다 구복-아홉 개의 마카리오이로 이루어진 축복의 말씀-으로 보는 것이 본문 이해를 더 명확하게 하는 것이며, 예수님의 의도에 더 부합하는 것이라 할 수 있다. 따라서 여기서는 기존의 보편화된 용어를 그대로 가져오는 것이 자연스럽기에 '팔+1복'으로 부르는 것이 적당하다.

복이 있나니

유대계 신학자들은 거의 예외 없이 예수께서 말씀하신 "복이 있나니"를 그들에게 매우 익숙하고 중요한 "아쉬레이"로 번역하고 또 이해하고 있다.

이는 예수께서 처음 사용한 말이 아니라 시편 전체의 문을 여는 첫 단어인 "복있는 사람은"(아쉬레이 하이쉬)에 사용된 축복의 선언과 정확히 동일한 단어를 사용하여 산상수훈의 문을 여신 것이다.

아마도 우리가 그 당시에 예수님의 산상수훈을 처음 듣게 되었다면 예수님의 입으로부터 "אַשְׁרֵי־הָאִישׁ (아쉬레이 하이쉬)"라는 음성을 여덟 번 그리고 마지막 한 번 더 선포되는 것을 들었을 것이다.

아쉬레이(אַשְׁרֵי)-즉 에세르(אֶשֶׁר)라는 히브리어 단어는 '복된, 행복한'의 의미로서 이 세상에 존재한 인간으로서 하나님께서 보시기에 가장 바람직한, 충만된 상태를 의미하는 말로서 성경은 이를 복된 사람이라고 표현하고 있다.[2]

복이 있는 사람

따라서 산상수훈에서 복되다고 말씀한 이 사람은 시편 1편에서 복된 사람으로 언급한 사람과 근본 속성에서 일치한다고 간주할 수 있고 이는 팔복의 사람에 대한 이해를 돕는다. 그러면 총 아홉 가지 속성이 상호 관계를 가지고 어우러져 나타난다.

시편 1편에서 "복 있는 사람"은 삼 종 악의 길을 배격하고 오직 여호와의 토라를 즐거워하여 그 토라를 주야로 묵상하는 자이다. 물론 그 묵상은 감상이 아니다. 그 토라가 교훈하는 가르침의 본질로 화(化)하는 것이고 이는 그의 태도와 실천으로 이어질 것이다.

팔복의 사람도 마찬가지이다. 따라서 예수께서 가르치신 첫 교훈 – 팔복은 한 사람의 모습을 그리고 있다. 여덟 명의 각기 다른 복된 인생 모델을 열거한 것이 아니라 이 여덟 가지 속성을 다 가지고 있는 한 사람을 기대하시는 것이다. 그는 '온전한 제자'라고 할 수도 있고, '하나님께서 바라시는 참사람'의 모습을 보여주신 것으로도 볼 수 있다. 무엇보다 이 여덟 가지 모습을 다 완전하게 가지고 나타내신 분은 바로 예수 그리스도 자신이시다!

히브리서는 "믿음의 주요 또 온전케 하시는 이인 예수를 바라보자"고 말씀

---

2. *HALOT*, Vol. 1, p.100.

한다(히 12:2).

　그러므로 우리가 산상수훈을 묵상하면서 복 얻는 방법을 모색할 것이 아니라 하나님께서 원하시는 인생의 길, 하나님께서 기대하시는 인간의 성품과 삶이 무엇인가를 발견하려고 해야 한다.

　먼저 그런 사람이 되려고 하는 의지가 내 안에 있는가부터 점검하자.

　'나는 정말 하나님께서 바라시는 그 사람의 모습을 가지기 위해 모든 것을 걸 준비가 되어 있는가?' 하는 것이다. 그럴 의도가 분명히 있지 않다면 이 산상수훈 특히 팔복은 제대로 이해할 수도 없게 되며 안다 해도 아무 소용 없다.

　사실은 이 팔+1복 안에 모든 제자도가 다 들어 있다고 해도 결코 지나치지 않다.

　시대와 종족은 각기 다르고 문화적 상황도 각기 다르지만 하나님께서 기대하시는 사람의 내적 모습, 그가 살아가는 모습의 가치는 동일하고 차별이 없다. 결론까지 갔다가 다시 와서 보면 이 팔복의 사람은 결국 모든 천국 백성이 가져야 하는 진짜 천국인, 참천국인의 모습을 그리고 있음을 깨닫게 된다.

1) 심령이 가난한 자

3. 심령이 가난한 자는 복이 있나니 천국이 저희 것임이요

모든 가난한 자가 참된 것은 아니다. 그러나 참된 길을 추구하는 자는 부와 권력을 동시에 추구할 수 없다. 실제로 초대 교회 성도들은 대부분 가난한 공동체의 일원이었다.

> 형제들아 너희를 부르심을 보라 육체를 따라 지혜 있는 자가 많지 아니하며 능한 자가 많지 아니하며 문벌 좋은 자가 많지 아니하도다. 그러나 하나님께서 세상의 미련한 것들을 택하사 지혜 있는 자들을 부끄럽게 하려 하시고 세상의 약한 것들을 택하사 강한 것들을 부끄럽게 하려 하시며 하나님께서 세상의 천한 것들과 멸시 받는 것들을 택하사 있는 것들을 폐하려 하시나니 (고전 1:26-28)

예수께서 축복하신 이 가난한 자들은 이 세상의 부와 안정보다 하나님의 나라를 더 원하는 자들이며 세상과 타협하지 않고 하나님께서 말씀하신 참된 가치들을 지켜 나감으로써 하나님의 백성으로 인정받기를 원하는 제자들이었다.

시간이 흘러 복음은 광범위한 이방 지역으로 확산되었고 다양한 계층의 사람들이 교회에 입교하였다. 마태복음은 누가복음(6:20)[3]과 달리 이 교훈을 해석적으로 기록하고 있다. 하나님 나라를 얻으려면 모든 교인은 다 인위적으로라도 가난하게 되어야 하는가? 진리의 왜곡을 방지하고 교회의 혼

---

3. 예수께서 눈을 들어 제자들을 보시고 가라사대 가난한 자들은 복이 있나니 하나님의 나라가 너희 것임이라 (눅 6:20)

란을 방지할 필요가 발생한다. 마태복음은 예수 말씀의 진의를 밝혀 본질적이고 해석적으로 기록한다. 이는 마치 구약 성경의 개정(recension)이 이루어져 온 과정을 신약에서도 그대로 보여 주는 것 같아 흥미롭다. 이는 유대인 학자들에게 익숙한 전통적인 방식이다.

"심령이 가난한 자"는 이사야 66장 2절[4] 에서 '하나님께서 권고하시는[5] 사람'으로 언급되며, 이사야 61장 1절의 예언이 마침내 사실로 나타난 장면을 보여 주고 있다. 즉 그리스도가 오셔서 가난한 자에게 아름다운 소식을 전하고 계신 것이다. 그 아름다운 소식은 복음, 즉 종말론적이고 동시에 현재적인 축복으로서 천국이 저희 것이라는 말씀이다.

하나님 나라에 합당한 제자는 세상의 부와 편리에 대한 기대와 욕망을 버린 사람이다. 세상과 하나님 나라는 동시에 섬길 수 없다.

하나님 나라를 얻을 수 있는 복된 사람은 이처럼 심령이 가난한 자이다.

---

4. 무릇 마음이 가난하고 심령에 통회하는 자 나의 말을 인하여 떠는 자 그 사람은 내가 권고하려니와 (사 66:2)
5. *BDB*, p, 613. 하나님이 지켜보신다, 지키신다는 의미

2) 애통하는 자

4. 애통하는 자는 복이 있나니 저희가 위로를 받을 것임이요

애통하는 자는 구약 본문에서는 사 40:1; 57:18; 60:20; 시 126:5 등에 나타난다. 유대 문헌에서 "위로자"는 메시야에 대한 묘사 중 하나였다.[6] 즉 애통하는 자들에게 주어지는 궁극적인 위로는 메시야를 통해 주어질 것이라는 예언이 전해져 오고 있었다. 그리고 마침내 예수 그리스도께서 오셔서 위로에 대한 약속이 이러한 자들에게 주어질 것을 말씀하셨다.

여기서 애통한다는 것의 의미가 중요한데 이는 개인적으로 당하는 슬픔과 고통에 대한 애통을 의미하는 것은 아니다. 그렇게 문자적으로 이해하게 된다면 세상에서 사정이야 어쨌거나 애통하고 슬퍼하는 사람에게는 무조건적으로 이 약속이 주어지고 그래서 슬픔만 당하면 모두 복된 사람이라는 엉터리 같은 결론이 나온다. 당연히 이런 의도로 말씀한 게 아니다.

따라서 우리가 예수님의 말씀들을 이해하기 위해서는 당시의 청중들이 그들의 삶과 철학의 배경으로 삼고 있던 성경(구약)과 유대 역사와 문화에 대한 이해가 전제되어야 한다. 그들은 어렵지 않게 예수님의 의미를 이해할 수 있었겠으나 이방인인 현대의 우리들은 많은 오해와 편견에 빠질 수 있다.

이사야서의 맥락에서는 애통하는 자란 개인적인 상실에 대한 슬픔을 의미하는 것이 아니라 국가적인 재앙에 따른 애통을 의미한다.[7] 즉 하나님 나라의 회복을 위한 애통이며 사회적 붕괴의 결과로 나타나는 예배가 무너지

---

6. Gerald Friedlander, *The Jewish sources of the Sermon on the Mount*,(NewYork, The Bloch Pub.,1911), 17. (2022, Eith Echad판), 37.

7. Gerald Friedlander, 37.

고 정의가 무너지고 헤세드가 짓밟히는, 진실보다 거짓이 수월한 현실 앞에서 하나님을 향해 부르짖는 애통이다. 의인의 마음에는 이런 상황에서 애통함이 있다. 이런 사람은 "그분의 나라와 그분의 의를 구하며" 애통하고 있는 사람이다.

이런 것들로 인해 애통한다는 것은 그가 이러한 것들을 사랑하기 때문이라는 증거이다. 이것들은 모두 하나님께 속한 가치들이며 하나님께서 이루고자 하시는 그의 나라에 속한 것이다. 그는 쉐마의 명령에 충실한 심령을 가진 사람이다. 이런 사람에게 하나님께서 하늘의 위로를 주실 것이란 말씀이다.

또 한편으로 당시 초대 교회는 이스라엘 땅의 유대인들(예수의 청중들)과 다르지 않게 가난과 부당한 억압하에 놓여 있었다. 이는 자연스레 성도들의 삶에 다양한 애통을 낳을 수밖에 없었다. 그 사회에서 애통을 당하는 사람들은 권력자들에게 기생하지 않는 사람들이었으며, 마태 이전의 레위나 삭개오의 과거와 같이 불의의 질서 아래 들어간 사람들이 아니었다.

이들의 애환을 하늘에서 보고 계시며 하나님의 위로가 그들에게 머지않아 임하게 될 것임을 약속하시는 예수님의 위로의 말씀이다. 따라서 주님을 따르는 제자들은 스스로 '애통하는 상황'을 벗고 안정과 만족스런 삶을 위해서 세상의 불의의 질서에 야합하거나 불의한 권력에 동참해서는 안 된다는 교훈을 주는 말씀이다. 참제자가 이 세상을 살아가는 동안엔 항상 애통함이 그의 안에 있다. 그리고 그의 내면에는 이미 주어진 천국이 임하여 있다.

3) 온유한 자

5. 온유한 자는 복이 있나니 저희가 땅을 기업으로 받을 것임이요

아랫사람의 눈에 온유한 윗사람은 자비한 사람일 것이다. 즉 헤세드의 사람이 온유한 사람으로 느껴질 것이다. 우리에게 거칠지 아니하고, 우리의 잘못이나 실수를 너그러이 용서해 줄 뿐만 아니라 다시 만회할 수 있는 기회를 베풀어 주는 사람이 있다면 우리는 그런 사람을 온유한 분이라고 느끼고 사랑하게 될 것이다. 즉 헤세드의 사람이다.

그럼 관점을 바꾸어 윗사람의 눈에는 어떤 사람이 온유한 사람일까? 그는 순종하는 사람, 거역하지 않는 사람, 신뢰하며 잘 따르는 사람일 것이다.

또 우리 이웃들 가운데 온유한 사람이라면 폭력적이지 않은 사람이고 친절한 사람이 온유하게 느껴질 것이다.

이사야는 예수 그리스도에 대하여 어린 양의 이상을 보았으며 그가 받은 예언을 이렇게 표현하였다.

> 그가 곤욕을 당하여 괴로울 때에도 그 입을 열지 아니하였음이며 마치 도수장으로 끌려가는 어린 양과 털 깎는 자 앞에 잠잠한 양 같이 그 입을 열지 아니하였도다 (사 53:7)
> 그는 강포를 행치 아니하였고 그 입에 궤사가 없었으나 (사 53:9)

라고 말씀하고 있다. 베드로 사도는 예수님에 대하여 이렇게 기록한다.

> 욕을 받으시되 대신 욕하지 아니하시고 고난을 받으시되 위협하지 아니하시고 오직 공의로 심판하시는 자에게 부탁하시며 (벧전 2:2)

즉 온유한 자는 곧 예수 그리스도이시다. 그분은 아버지 하나님께 대하여 이처럼 순종하셨고 자신을 치는 피조물들에 대하여 폭력적으로 대응하지 않으셨다. 그리스도의 제자 된 우리들은 예수님의 온유함을 그대로 닮아 가야 한다. 온유는 철저한 신뢰로부터 비롯되며 온유는 용서와 사랑의 마음에서 지켜질 수 있다.

이러한 자에게 주는 복은 땅을 기업으로, 즉 유산으로 주신다는 말씀이다. 많은 저명한 주석가들은 이 땅의 정체를 현세에서의 부동산적인 개념이 아니라 영원한 땅으로서 우리에게 분여될 유산을 의미하는 것으로 본다.

성경이 예언하는 메시야의 영원한 나라, 그것을 온유하신 분인 예수 그리스도께서 소유하실 것이고 또 그분의 성품과 가치를 따르는 우리 온유한 제자들에게 그 나라의 기업들을 분여해 주실 것이다.

> 이 열왕의 때에 하늘의 하나님이 한 나라를 세우시리니 이것은 영원히 망하지도 아니할 것이요 그 국권이 다른 백성에게로 돌아가지도 아니할것이요 도리어 이 모든 나라를 쳐서 멸하고 영원히 설 것이라 (단 2:44)
>
> 주인이 이르되 잘하였다 착한 종이여 네가 지극히 작은 일에 충성하였으니 열 고을 권세를 차지하라 (눅 19:17)
>
> 주인이 그에게도 이르되 너도 다섯 고을을 차지하라 하고 (눅 19:19)

4) 의에 주리고 목마른 자

6. 의에 주리고 목마른 자는 복이 있나니 저희가 배부를 것임이요

의는 구약의 "쩨데크"를 번역한 70인역의 단어(디카이오스-dikaios)와 동일하며 예수님이 말씀하셨을 때에는 헬라어보다는 히브리어 발음 그대로를 사용하셨을 것이다.

따라서 쩨데크는 하나님의 보좌의 기초를 이룬다 말씀한 것처럼 성서의 핵심 가치이다. 의를 사랑하는 것은 거듭난 영혼의 당연한 추구이다. 생명으로 택함받은 사람은 이처럼 의를 추구하게 된다.

마틴 루터의 전기나 요한 웨슬레의 전기에서 그들이 거듭나기 전에 어떻게 의를 향한 갈급함과 번뇌가 있었는지 고찰해 보라. 이는 찰스 H. 스펄전 목사의 체험에서도 동일하였으며 셀 수 없이 많은 영혼들이 이 과정을 통하여 마침내 생명의 근원이신 예수께 나아가 의의 생수를 마실 수 있었다.

거듭난 자로서는 마땅히 의를 추구해야 한다. 사람이 의의 세계를 사랑하지 않는 것은 하나님을 사랑하지 않기 때문이다. 의는 본성에 속한 것이기 때문이다. 이것을 추구하는 자는 배부름을 얻게 된다.

이것은 말씀과 은혜의 충만함을 얻게 되는 길을 알려 주시는 말씀이다. 사람이 떡으로만 배부를 것이 아니라고 말씀하셨다. 온전한 의를 추구하고 견지하지 않는 자는 말씀의 깊은 세계를 깨달을 수 없으며 그는 부족함과 굶주림 가운데 목회를 하거나 살아가게 될 것이다.

성령의 지속적인 충만함이란 의를 추구하는 길 위에서만 얻어질 수 있다. 그렇지 않고 은혜의 집회에 참여하거나 찬양 모임에 참여하거나 하는 등 은혜의 수단들을 통해서 성령 충만을 경험하고자 하는 것만으론 충분치 못하다. 우리의 내면에 의에 대한 갈망이 마치 '목마른 사슴이 시냇물을 찾기에 갈급함' 같아야 한다.

하나님의 의로, 또 의의 말씀들로 내 영혼이 채워질 때 세상의 결핍으로부터 자유할 수 있게 되고 세상의 인정과 권세로부터 자유로워질 수 있다. 그는 이미 내적으로 충만함을 소유하고 있기 때문이다. 사람의 결핍은 외부 요인들 때문에 느껴지는 것이 아니라 내적인 요인에 의한 것임을 잊지 말라. 그러므로 의에 주리고 목마른 자는 복이 있나니 저희가 배부를 것이기 때문이다.

5) 긍휼히 여기는 자

7. 긍휼히 여기는 자는 복이 있나니 저희가 긍휼히 여김을 받을 것임이요

긍휼히 여김이란 구약 성경의 5대 가치에 해당하는 아하브와 헤세드에 속한다. 정확히는 "긍휼"로 번역된 헬라어 본문의 "엘레몬(ἐλεήμων)은 칠십인역의 용례에서는 구약 히브리 성경의 "하눈(חַנּוּן)"의 번역어로 사용되었다. 이는 '사랑의, 자비로운, 은혜로운'의 의미를 지닌다.[8]

호세아서를 보면 과거 이스라엘이 하나님의 진노를 사서 망하게 된 이유가 명확하게 지적되고 있다. 이는 저들이 헤세드를 저버렸기 때문이다. 호세아 4장 1절에 의하면 "에메트도 없고 헤세드도 없고 (하나님을 아는 지식) 다아트도 없음"으로 인해 그 땅에 저주가 임하게 될 것을 말씀하고 있다.

성경 전체를 살펴보면 이 가치들은 대부분 없으면 함께 없고 있으면 같이 있다. 모두 하나님의 본성을 이루는 핵심적인 가치들이기 때문이다.

헤세드를 가진 자는 하나님께서 그를 향해 헤세드를 베푸신다. 헤세드란 인격적인 상호 관계에서 기대되고 요구되는 것을 성실히 이행하고 베푸는 것을 의미하는 히브리어만의 독특한 언어이다. 그래서 인애와 자비로 번역되기도 하고 대상에 따라서는 충성과 정절의 의미로 사용되기도 한다.

따라서 헤세드는 쩨데크(의)와 엮여 있으며 에메트(진실, 진리)와도 엮여 있음을 알 수 있다. 이 5대 가치는 서로 완벽하게 엮여 있으며 그 경계선을 명확히 구분하기는 불가능하다. 이는 곧 유일하신 하나님의 본성이자 그 한 분 안에 지니고 계신 가치이기 때문이다.

요나서를 보면 하나님께서 사명을 버리고 명령을 거역한 요나를 큰 물고기에게 삼켜 먹혀 버리도록 하셨으나 나중에 요나를 용서하시고 다시 뭍으

---

8. GESENIUS, p. 371.

로 토해 내도록 인애를 베풀어 주셨다. 그런데 1장을 보면 큰 풍랑에서 요나는 이방인 선원들이 죽음의 위기에서 고투하는 상황에서 선장과 선원들에게 자신으로 인한 재앙이니 자신을 들어 바다에 던지고 당신들을 이 재난에서 구원을 받으라고 요구한다. 비록 이방인들임에도 불구하고 요나는 인류애를 버리지 않았고 자신의 책임으로 다른 사람들이 공멸하지 않게 하기 위해 자기만 바다에 던지라는 요구를 한 것이다.

하나님의 선지자로서 이방인들에 대한 쩨데크와 헤세드를 지키고 던져진 요나에게 하나님께서도 헤세드를 베푸사 그의 회개를 받아 주신 것이다.

또 요셉을 보라, 저가 보디발 처의 강력한 유혹을 받았을 때에 자기 하나님과 주인인 보디발에게 악을 행하지 않기 위해 후환을 두려워하지 않고 그 손길을 거절했다. 자기 주인을 향한 헤세드, 하나님을 향한 헤세드를 저버리지 않고 지킨 것이다. 그 이후 그의 운명은 사망의 골짜기로 떨어진 듯 했으나 성경은 '여호와께서 그와 함께하셨다(창 39:2,21,23).' 즉 "임마누엘"의 헤세드가 그에게 임해 있었고 그 이후 그는 애굽의 총리로 올라서게 된다.

긍휼히 여기는 자는, 즉 헤세드를 지키는 자는 복이 있나니 저희에게 하나님의 헤세드가 임할 것이기 때문이다.

6) 마음이 청결한 자

8. 마음이 청결한 자는 복이 있나니 저희가 하나님을 볼 것임이요

이 축복의 의미는 시편 24장 3-6절을 통해 보다 선명하게 이해할 수 있다. "야훼의 산에 오르고, 그 거룩한 곳에 설" 자격이 있는 자들은 "깨끗한 손"과 "청결한 마음"을 가진 자로 특징지어지며 이는 진실성과 하나님을 적극적으로 찾는 자를 의미한다.[9]

하나님 뵙기를 열망하는 자

시편 구절에 의하면 마음이 청결한 자들의 목표는 하나님을 뵙는 데에 있다. 구약에서 "하나님의 얼굴을 구한다"는 표현의 의미는 하나님의 구원, 하나님의 사랑을 구하는 것을 의미한다. 우리는 그 은혜의 자리에 서기 위하여 마음을 깨끗하게 해야 한다. 우리가 혼동하지 말아야 할 것은 마음의 청결이 목표가 아니라는 점이다. 하나님의 얼굴을 뵙고자 하는 열망이 목적이고 동기가 되는 것이다.

8절의 복된 사람은 날마다 매 순간의 삶에서 하나님을 뵙고자 하는 열망이 마음에 가득한 사람이다. 그 추구함이 우리의 마음을 정결한 데로 이끌어 갈 것이다. 우리가 그토록 뵙기를 원하는 하나님은 거룩하시기 때문이다. 따라서 하나님의 거룩하심을 따라가지 않는 사람은 하나님을 볼 수도 알 수도 없다.

---

9. 3. 여호와의 산에 오를 자 누구며 그 거룩한 곳에 설 자가 누군고
   4. 곧 손이 깨끗하며 마음이 청결하며 뜻을 허탄한데 두지 아니하며 거짓 맹세치 아니하는 자로다
   5. 저는 여호와께 복을 받고 구원의 하나님께 의를 얻으리니
   6. 이는 여호와를 찾는 족속이요 야곱의 하나님의 얼굴을 구하는 자로다 (셀라)
   (시 24:3-6)

우리에게 주신 성령으로 말미암아 우리의 마음은 거듭난 새 피조물로서 비로소 하나님의 형상을 닮아 갈 수 있다. 이전에는 우리 마음이 청결할 수 없었다. 그러나 예수 그리스도의 보혈의 은혜로 마침내 성결하게 될 수 있게 된 것이다.

이처럼 하나님의 거룩을 따르는 것은 우리의 마음으로부터 비롯된다. 우리의 행위가 여전히 부족할지라도 하나님의 형상을 따라 의로운 마음을 가지게 되면 하나님의 마음이 우리 마음에 비치게 된다. 더러운 거울은 주인의 형상을 온전히 담을 수 없다.

성도와 세상

하나님은 거룩하시다. 따라서 하나님은 타락한 세상의 거짓된 질서들과 함께하실 수 없다. 인간 사랑의 거짓되고 뒤틀어진 질서, 왜곡과 거짓으로 오염된 사유의 흐름들, 인간 욕구의 거짓된 질서, 음률의 파괴된 질서, 감각의 왜곡된 질서, 이런 것들이 이뤄 낸 문명과 문화의 복합된 형태들, 이러한 것들을 세속성이라 말한다. 그 배후에 역사하는 것은 무질서의 영 사탄이다. 하나님은 이를 대적하시며 세상 끝 날에 불로써 모두 멸하실 것이다. 이런 것들을 마음에 담고서 어찌 하나님을 볼 수 있을까.

> 간음하는 여자들이여 세상과 벗된 것이 하나님의 원수임을 알지 못하느뇨 그런즉 누구든지 세상과 벗이 되고자 하는 자는 스스로 하나님과 원수되게 하는 것이니라 (약 4:4)
> 이 세상이나 세상에 있는 것들을 사랑치 말라 누구든지 세상을 사랑하면 아버지의 사랑이 그 속에 있지 아니하니 이는 세상에 있는 모든 것이 육신의 정욕과 안목의 정욕과 이생의 자랑이니 다 아버지께로 좇아

온 것이 아니요 세상으로 좇아온 것이라 이 세상도 그 정욕도 지나가되
오직 하나님의 뜻[10]을 행하는 이는 영원히 거하리라 (요일 2:15-17)

따라서 마음을 청결케 하고자 하는 경향은 거듭난 사람의 본성이다. 이는 하나님을 향해 나아가려고 하기 때문이다.

혼돈과 궤변과 거짓들로부터 우리의 정신을 정결하게 만들어야 한다.

사유에 간사함이 완전히 사라지고 의를 따라 사유의 길들이 다시 닦여질 때에 정신의 정화가 일어난다. 정신이 왜곡되고 오염된 채로 있는 자가 그 마음은 청결하게 할 수 있겠는가? 이러므로 강단에서 목사가 하나님의 진리 말씀으로 성도들을 가르치고 경책하고 경계하고 권면하는 것이 절대적인 중요성을 가지는 것이다.

정신이 정화되어 가면서 마음의 의지와 감정들이 정화되어진다. 세상의 근심과 세속적 욕구들로부터 정화될 것이다. 올바른 정신과 올바른 감정 그리고 올바른 의지는 삼각형의 각 변처럼 서로 연결되어 있다.

비로소 마음이 청결하게 되어 갈 때에 하나님의 형상이 내 의식과 내 감정과 내 의지 가운데 보여지게 될 것이고 거룩하신 하나님께서 나를 만나 주실 것이다.

---

10. 나더러 주여 주여 하는 자마다 천국에 다 들어갈 것이 아니요 다만 하늘에 계신 내 아버지의 뜻대로 행하는 자라야 들어가리라 (마 7:21)
    너희는 이 세대를 본받지 말고 오직 마음을 새롭게함으로 변화를 받아 하나님의 선하시고 기뻐하시고 온전하신 뜻이 무엇인지 분별하도록 하라 (롬 12:2)

7) 화평케 하는 자

9. 화평케 하는 자는 복이 있나니 천국이 저희 것임이라

화평이란 말은 에이레네, 즉 평화를 뜻하는 말이다. 하나님이 만드신 세상은 본래 조화와 평화의 세계였다. 조화와 평화는 하나님의 질서의 결과로서 반드시 나타나는 결과이다.

헬라어인 에이레네는 정치적이고 사회적인 현상을 표현하는 데 많이 사용된 말이다. 따라서 에레노포이스(εἰρηνοποιός)는 이렇게 평화를 가져오는 자라는 의미인데 이를 헬레니즘 문학을 통해서 이해하려 하면 적절치 못할 것이다.

예수님께서는 산상수훈을 히브리어로 말씀하셨을 가능성이 매우 높다. 주님의 모든 가르침은 성경(구약)을 바탕으로 하셨기 때문이다.

에이레네(화평)에 대한 구약의 대응 용어는 샬롬(שָׁלוֹם)이다.

사사기 6장 24절에서 기드온은 하나님께 제단을 쌓고 "야훼 샬롬"이라 불렀다. 또 이사야 45장 7절에서 "하나님께서는 샬롬을 이루기도 하시고 혼돈도 만드시는 분"으로 선포된다. 즉 샬롬은 하나님께 속한 것이다.

샬롬은 하나님께 속한 것이며, 하나님으로 말미암은 결과라는 사실을 성경은 가르쳐 주고 있다. 빛(אוֹר 오르)의 반대가 어둠(חֹשֶׁךְ 호세크)이듯이 샬롬의 반대는 환난(עָרָךְ 라아)이다 (사 45:7).[11]

우리 성경에는 환난이라고 번역된 "라아"는 사실 "나쁜, 악한, 고난, 역경"의 의미를 가지고 있다. 이것들이 정확히 샬롬에 대칭되는 의미이고 용어이다. 이 모든 건 하나님의 창조 질서와 하나님의 가치를 떠나 타락한 인간 세

---

11. 나는 빛도 짓고 어둠도 창조하며 평안도 짓고 환난도 창조하나니 나는 여호와라 이 모든 일을 행하는 자니라 하였노라 (사 47:7)

상이 처해진 상태를 의미한다.

따라서 이 세상에서의 샬롬은 본래 하나님의 목적과 하나님의 질서와 가치 세계로의 귀화 또는 회복을 의미하는 말이다. 이 땅에서 누군가에게 샬롬이 임한다면 그는 하나님께 돌아온 자이고, 하나님의 질서와 가치로 회복된 존재라는 의미이다. 샬롬은 그 결과로 나타나는 상태이기 때문이다.

구원의 결과이자 증거로 하나님께서는 우리에게 "샬롬"을 허락하신다.

나훔 1장 15절에는 놀라운 말씀이 나타난다, **"볼찌어다 아름다운 소식을 보하고 화평(샬롬)을 전하는 자의 발이 산 위에 있도다……"**

또 이사야 40장 9절에는 **"아름다운 소식을 시온에 전하는 자여 너는 높은 산에 오르라 아름다운 소식을 예루살렘에 전하는 자여 너는 힘써 소리를 높이라 두려워 말고 소리를 높여 유다의 성읍들에 이르기를 너희 하나님을 보라 하라"** 는 예언의 말씀이 나타나 있다. (사 61:1)

또 이사야 52장 7절에 **"좋은 소식을 전하며 평화를 공포하며 복된 좋은 소식을 가져오며 구원을 공포하며 시온을 향하여 이르기를 네 하나님이 통치하신다 하는 자의 산을 넘는 발이 어찌 그리 아름다운고"** 하는 말씀이 나온다.

이처럼 나훔 1장 15절과 이사야 52장 7절에 "샬롬의 소식"을 가져와 공포하는 자들이 곧 "에이레노포이스(화평케 하는 자)"이다.[12] 샬롬을 이루실 수 있는 분은 오직 하나님이시며 하나님의 독생자 그리스도뿐이시기 때문이다. 이 가운데 인간이 할 수 있는 샬롬의 사역은 이 샬롬의 소식을 전하는 자로서의 역할일 뿐이다.

이 사람은 이 세상에서 인간이 할 수 있는 가장 복되고 고귀한 사역을 하는 것이다. 또한 이런 사람은 복음 안에서 하나님의 샬롬을 체험한 사람임에 틀림이 없다. 그의 영혼 안에 구주 예수 그리스도의 보혈로 얻어진 생명

---

12. *Theological Lexicon of the New Testament* vol. 1, p. 432.

질서의 회복, 가치의 회복들이 일어나고 있기 때문이다. 이는 곧 하나님의 성품 중 하나이다. 따라서 그는 반드시 하나님의 아들들 중 하나일 것이다.

이처럼 성경이 말씀하는 평화는 단지 정치적이고 사회적인 현상을 의미하는데 그치지 않는다. 이는 인간 영혼의 구원으로부터 시작하여 인간의 내면의 질서 회복과 삶의 가치와 질서들이 회복되는 데에까지 이르러야 한다. 그리고 타인과의 관계에 화평을 이루는 데까지 나아가야 한다. 마침내 이 생의 삶이 끝나면 영원한 하나님의 나라에 들어가 완전한 샬롬의 성취를 얻을 것이다.

그러므로 이 땅에서 이 샬롬의 사역을 행할 사람들은 전도자들이고 특히 목사들의 사명이 중하다. 목사들은 단지 복음을 전하는 데에서 그치지 않고 돌아오는 영혼들이 온전한 샬롬의 상태에 서도록 하나님의 말씀을 가르치고 성령과 함께 일해야 한다. 이것이 제자도를 명하신 주님의 뜻인 줄 믿는다.

8) 의를 위하여 핍박을 받은 자

10. 의를 위하여 핍박을 받은 자는 복이 있나니 천국이 저희 것임이라

쩨데크라는 가치의 크기와 중요성이 얼마나 큰지 이 산상수훈 전반에 걸쳐서 나타나고 있다. 이는 곧 하나님의 근본 속성이기 때문이다. 그리고 이 세상은 하나님을 철처히 대적하고 있기 때문이다.

기독교 복음을 종교적으로 이해하고 있는 사람은 이 말씀이 잘 와닿기 어려울 것이다. 예수를 위해 핍박을 받거나 하나님을 위해 핍박을 받는다는 것이 아닌 의를 위해 핍박을 받는 자가 복되다고 말하고 있기에 우선순위에 부자연스러움을 느낄 것이고 또 이 결과가 천국으로 이어진다는 사실에 의문을 가질 것이다.

이 팔복은 종교적인 서술이 아니다. 하나님께서는 종교적인 영역 위에 초월하여 계시기 때문이다. 종교는 우리가 하나님을 섬기는 하나의 방편일 뿐이다. 예수는 우리에게 종교적인 십자가를 선사하신 것이 아니라 우주적이고 영원한 구원을 허락하신 것이다.

간단히 말해 마귀에게는 의가 없다. 일말의 의도 없다. 또한 이 세상에는 의가 없다. 오히려 의의 대척점에서 반대의 길로 가려는 것이 타락한 세상의 속성이다. 이 세상에 의의 기운이 역사하는 것은 하나님의 자녀들의 활동으로 말미암은 결과이거나 또는 타락한 인간 심성 내면에 의를 향한 희미한 흔적으로 인한 의의 사고가 가능하기 때문이다. 그러나 세상 내에서는 의가 이기지 못한다.

사람이 의를 따르고 지키고자 하면 세상으로부터 여러 가지 핍박이 다가온다. 그럼에도 불구하고 핍박을 받는 자는 이 의(쩨데크)를 자기 자신보다 소중히 여기는 자이기 때문이다. 이는 하나님을 진실로 사랑하는 사람

이 아닐 수 없다.

> 무릇 그리스도 예수 안에서 경건하게 살고자 하는 자는 핍박을 받으리라 (딤후 3:12)

디도서 2장 12절에는 이 경건이 의로움과 짝을 이루어 나타난다.[13] 왜냐하면 경건이라는 단어 유세보스(εὐσεβῶς)는 하나님의 방식대로 사는 것을 의미하기 때문이다. 그러므로 세상에서 핍박을 무릅쓰고 의를 지키며 살아가는 자들은 천국에서 그 땅의 백성으로 인정될 것이란 복된 약속이다.

---

13. 우리를 양육하시되 경건치 않은 것과 이 세상 정욕을 다 버리고 근신함과 의로움과 경건함으로 이 세상에 살고 (디 2:12)

9) 예수를 인하여 핍박을 받은 자

> 11. 나를 인하여 너희를 욕하고 핍박하고 거짓으로 너희를 거스려 모든 악한 말을 할 때에는 너희에게 복이 있나니
> 12. 기뻐하고 즐거워하라 하늘에서 너희의 상이 큼이라 너희 전에 있던 선지자들을 이같이 핍박하였느니라

이제 "마카리오이(복이 있나니)"는 앞의 팔복의 패턴에서 전환되어 제자들을 향해 2인칭으로 말씀된다. 그리고 같은 의미의 핍박에 대한 축복을 말씀하고 있는데 여기서는 "의를 위하여(10절)"가 아니라 "나를 인하여" 핍박을 받을 것을 말씀하고 있다. 예수님의 인격에 대한 충성이다. 이것이 주를 그리스도라 고백하는 제자가 마땅히 서야 할 자리이다.

우리는 예수가 곧 하나님의 의이고 예수가 곧 진리이시며 예수가 곧 영원하신 왕이시라는 사실을 증거해야 한다. 내가 증거하는 일에 목숨을 걸어야 한다. 그것이 진정한 믿음이다.

이처럼 예수를 인하여 핍박을 받은 자에 대한 약속이 팔복의 클라이맥스이다. 즉 제9복에 해당한다. 이는 두 가지 면에서 이해될 수 있다.

첫째, 예수는 이 땅에 사람들의 구주요, 대속자로서 오셔서 친히 인간의 죄를 대신 담당하셨다. 우리가 예수를 구주로 믿고 이 예수를 증거한다는 사실로 인해 이 땅에서는 반대와 핍박이 일어난다. 이는 무지성적으로 일어나는 핍박이다. 지금도 지구촌 곳곳에서는 이러한 핍박이 현재형으로 일어나고 있다.

이런 핍박의 배후에는 사탄이 자리하고 있다. 예수의 복음이 전파될수록 사탄의 지배 영역이 축소되고 악령들이 축출되고 저들의 세계가 위협받기 때문이다. 무엇보다 복음 사명의 완수는 곧 심판의 도래를 의미한다.

둘째, 예수를 따름은 곧 예수의 복음을 믿고 예수의 가치를 따르고 가르치는 일이다. 예수의 가르침은 하늘의 가치를 따라 이 땅에서 살아가도록 한다. 세상은 이를 반기지 않는다. 하나님의 가치는 이 세상이 나아가고자 하는 길과 다르기 때문이며 심지어 역행하기 때문이다.

세상은 고귀한 가치를 숭상하고 표방하지만 실상은 참된 가치를 거부하고 무너뜨리고 있다. 세상의 위선과 사기, 그리고 기만에 속지 말아야 한다. 예수의 교훈은 세상의 가치를 추구하는 사람들을 불편하게 하고 이는 자신들을 괴롭게 하려는 것처럼 인식되기도 한다.

> 이에 저희가 소리질러 가로되 하나님의 아들이여 우리와 당신과 무슨 상관이 있나이까 때가 이르기 전에 우리를 괴롭게 하려고 여기 오셨나이까 하더니 (마 8:29)
>
> 예수를 보고 부르짖으며 그 앞에 엎드리어 큰 소리로 불러 가로되 지극히 높으신 하나님의 아들 예수여 나와 당신과 무슨 상관이 있나이까 당신께 구하노니 나를 괴롭게 마옵소서 하니 (눅 8:28)
>
> 이 두 선지자가 땅에 거하는 자들을 괴롭게 한 고로 땅에 거하는 자들이 저희의 죽음을 즐거워하고 기뻐하여 서로 예물을 보내리라 하더라 (계 11:10)

우리가 예수로 말미암아 핍박을 받는다면 우리의 존재가 세상을 불편하고 괴롭게 만들기 때문이다. 우리가 지닌 가치, 우리가 나아가는 방향, 무엇보다 우리가 주장하고 증거하는 예수의 가르침, 즉 하나님의 말씀 때문이다.

이때 이런 핍박을 기뻐하고 즐거워하라고 주님은 말씀하셨다. 이런 핍박을 당하게 된다면 하늘에서 받을 상이 크기 때문이라고 말씀하셨다. 또 중요한 사실은 우리 이전에 있던 구약의 선지자들이 바로 이와 동일한 이유로 핍박을 받은 것이며 따라서 이는 우리들도 그 선지자들의 길에 설 수 있다는 영광스러운 사실을 말씀하신 것이다.

 따라서 우리는 반대와 핍박을 두려워할 것이 아니라 영광스러운 상급을 바라보고 기뻐하며 예수 믿음을 전하고 예수의 가르치신 말씀들을 전하고 가르쳐야 하며, 우리의 믿음의 길을 지켜야 한다.

> …… 사람들이 나를 핍박하였은직 너희도 핍박한 터이요 내 말을 지켰은즉 너희 말도 지킬 터이라 (요 15:20)

2. 세상의 소금, 세상의 빛 (5:13-16)

13. 너희는 세상의 소금이니 소금이 만일 그 맛을 잃으면 무엇으로 짜게 하리요 후에는 아무 쓸데 없어 다만 밖에 버리워 사람에게 밟힐 뿐이니라
14. 너희는 세상의 빛이라 산 위에 있는 동네가 숨기우지 못할 것이요
15. 사람이 등불을 켜서 말 아래 두지 아니하고 등경 위에 두나니 이러므로 집안 모든 사람에게 비추느니라
16. 이같이 너희 빛을 사람 앞에 비취게 하여 저희로 너희 착한 행실을 보고 하늘에 계신 너희 아버지께 영광을 돌리게 하라

팔복에 이어지는 예수님의 말씀은 제자도가 곧 영원한 언약의 계승이며 더 나아가 이 언약의 선교적 사명까지 짊어진 존재라는 사실을 강조한다.

소금은 구약 율법에서 하나님께 드리는 제물을 성결케 하는 필수적인 요소이면서 동시에 영적인 의미로는 영원히 변하지 않는 속성을 상징한다. 이로 인해 구약 성경에는 "소금 언약", "언약의 소금"이란 용어가 새겨져 있다. 하나님의 언약은 영원히 변치 않는 언약임을 강조하는 것이다. 따라서 제자들을 향해 "너희는 세상의 소금"이라고 말씀하신 것은 세상을 향한 하나님의 구원의 의지를 나타냄과 동시에 제자의 역할과 사명이 무엇인지를 알게 하는 것이다.

또한 제자들의 제자도는 언약(Covenant)을 보증하고 제물을 성결케 하는 소금과 같이 변하지 않는 절대적 속성, 즉 절대적 가치라는 것을 교훈하는 말씀이다. 따라서 "소금"은 단순한 은유가 아니라 제사를 통해 계시하신 구약의 언약이 마침내 예수의 제자들을 통해 예언적 성취를 이루게 되었다는 직접적인 성취의 선언으로써 사용하신 핵심어인 셈이다.

그것으로 향을 만들되 향 만드는 법대로 만들고 그것에 **소금을 쳐서** 성결하게 하고 (출 30:35)

네 모든 소제물에 소금을 치라 네 하나님의 **언약의 소금**을 네 소제에 빼지 못할찌니 네 모든 예물에 소금을 드릴찌니라 (레 2:13)

이스라엘 자손이 여호와께 거제로 드리는 모든 성물은 내가 영원한 응식으로 너와 네 자손에게 주노니 이는 여호와 앞에 너와 네 후손에게 변하지 않는 **소금 언약이니라** (민 18:19)

이스라엘 하나님 여호와께서 **소금 언약**으로 이스라엘 나라를 영원히 다윗과 그 자손에게 주신 것을 너희가 알것이 아니냐 (대하 13:5)

그러므로 앞서 말씀하신 팔복은 그리스도의 제자도의 완성된 모습, 즉 이 "소금"의 본질을 여덟 가지 방향에서 비춰 주는 말씀이다. 이 팔복의 사람은 곧 천국의 하나님의 자녀일 뿐만 아니라 이 땅에 비취는 하늘의 빛과 같다. 예수님은 우리에게 '소금 같이 행하라'고 말씀하지 않으셨음에 주의하자. 예수님은 우리 자신이 곧 세상의 소금이라고 말씀하셨다. 팔복은 행위가 아니다. 행위 이전의 그가 지닌 가치와 본질, 그 사람의 인격적 실존을 나타내는 말씀이다. 팔복의 가치가 오롯이 담겨 있는 제자라면 그의 존재 자체가 세상에는 소금과 같으며 그가 실천하며 살아가는 제자의 삶이 곧 세상을 비취는 빛이란 말씀이다. 이 빛은 창세기 1장 3절에 흑암과 혼돈과 공허로 가득 찬 세상에 창조의 서막을 여시는 하나님의 신성한 말씀에 첫 등장한다.

וַיֹּאמֶר אֱלֹהִים יְהִי אוֹר וַיְהִי־אוֹר:

(봐요메르 엘로힘 예히 오르, 봐예히 오르)

하나님이 말씀하시되 빛이 있으라 하시니 빛이 있었다.

맛을 잃은 소금이란 존재하지 않으며 염소나 나트륨은 그 자체가 매우 위험한 화학 물질이다. 그리고 놀랍게도 이 두 화학 물질은 어느 것도 짠맛을 가지고 있지 않다. 소금은 소금일 때만 짠맛을 낸다.

성도가 그리스도의 제자도를 가지고 있지 않다면, 다시 말해 앞의 팔복의 요소들을 가지고 살아가지 않는다면 그는 마치 맛을 잃은 소금이란 괴이한 물질처럼 세상에 존재하고 말 것이다. 한마디로 흙이다.

아담이 타락하고 생명을 잃었을 때에 하나님은 그에게 "너는 흙이니(창 3:19)"라고 말씀하셨다. 본래 아담은 "생령"으로 지음받았었다. 예수님은 구원받은 우리에게 매우 의미심장한 교훈을 말씀하신 것이다.

성도가 거듭나 팔복의 도가 보여 주는 제자도를 가지고 있지 못할 때에 그는 **"살았다 하는 이름은 가졌으나 죽은 자로다(계 3:1)"** 사데 교회의 사자에게 말씀하신 것처럼 흙과 같은 존재가 될 뿐이라는 경고이다. '흙은 사람에게 밟힐 뿐이다(13절)'

팔복은 천국을 향해 가는 제자의 본질을 우리에게 보여 주며 우리는 이 말씀에서 한 사람 하나님의 사람의 모습을 발견해야 하고, 이 땅에 사셨던 예수 그리스도의 모습을 발견해야 한다.

그리고 우리 자신이 그 뒤를 따르는 한 사람 그리스도의 제자이자 또 이런 제자들이 하나의 공동체를 이루어 "산 위에 있는 동네가 숨기우지 못하는" 것같이 제자는 개인과 교회 공동체로서 이 숨겨지지 않는 제자도의 본질을 갖추고 어두운 세상에 예수를 증거하는 선교적 사명을 감당해야 한다.

또 한 가지, 예수님께서 제자들을 향해 너희는 세상의 빛이라 말씀하신 것은 열방의 빛으로 오신 메시야께서 당신의 제자들 즉 우리들을 당신과 동일한 사명의 선상에 놓으시는 영광스러운 말씀이다. 이사야 42장 6절, 이사야

49장 6절, 이사야 60장 3절은 각기 메시야 예언 즉 "하나님의 종의 노래"에 나타난 말씀으로써 하나님께서 장차 나타날 메시야에 대하여 그를 이방인의 빛으로 세우신다는 선언이 나타나 있다.

  본서의 서문에서부터 산상수훈은 일관되게 종말론적 성격을 가지고 있는 교훈임을 언급하였다. 여기서 이방인의 빛, 열방의 빛은 종말론적 메시야 예언에 나타난 메타포이다. 예수님은 이 예언의 성취를 당신의 제자들을 통해서 이루고자 하시며 이는 장차 주님의 대위임 명령을 통해서 구체적으로 부여되었다.

  동시에 "산 위에 있는 동네"라는 말씀은 단순한 은유적 표현을 넘어서 종말론적 예루살렘의 존재를 떠올리게 하는 또 하나의 중요한 메타포로서 이사야 2장 2절의 예언과 병렬을 이루고 있다. 예수님은 이처럼 단순해 보이는 교훈을 통해서 종말론적 구원의 성취를 이중적으로 나타내셨고 이는 특히 구약에서 예언자들이 자주 사용하던 독특한 워딩 방식이었다.

  이 예언의 역사적 성취의 한가운데에 제자들을 포함시키신 것이다.

> 말일에 여호와의 전의 산이 모든 산 꼭대기에 굳게 설 것이요 모든 작은 산 위에 뛰어나리니 만방이 그리로 모여 들 것이라 (사 2:2)

> 나 여호와가 의로 너를 불렀은즉 내가 네 손을 잡아 너를 보호하며 너를 세워 백성의 언약과 **이방의 빛**이 되게 하리니 (사 42:6)

그가 가라사대 네가 나의 종이 되어 야곱의 지파들을 일으키며 이스라엘 중에 보전된 자를 돌아오게 할 것은 오히려 경한 일이라 내가 또 너로 **이방의 빛**을 삼아 나의 구원을 베풀어서 땅 끝까지 이르게 하리라 (사 49:6)

열방은 **네 빛으로**, 열왕은 비취는 **네 광명**으로 나아오리라 (사 60:3)

3. 율법과 예수 (마 5:17- 19)

17. 내가 율법이나 선지자나 폐하러 온 줄로 생각지 말라 폐하러 온 것이 아니요 완전케 하려 함이로라
18. 진실로 너희에게 이르노니 천지가 없어지기 전에는 율법의 일점 일획이라도 반드시 없어지지 아니하고 다 이루리라
19. 그러므로 누구든지 이 계명 중에 지극히 작은 것 하나라도 버리고 또 그같이 사람을 가르치는 자는 천국에서 지극히 작다 일컬음을 받을 것이요 누구든지 이를 행하며 가르치는 자는 천국에서 크다 일컬음을 받으리라

예수님의 교훈, 다시 말해 기독교 복음과 율법은 대립적인 관계일까? 기독교 역사에서 유대인들과 기독교인들은 결코 서로 우호적이지 않았다. 특히나 십자군 전쟁과 종교 개혁 이후 기독교 세계는 유대인들을 박해하는 일에 적극적이었으며 세계 여러 곳에서 유대인들에 대한 홀로코스트가 자행되었었다. 이는 기독교의 크나큰 죄악이자 하나님 앞에 회개해야 할 과오이다. 이를 보면 마치 율법과 복음이 대립 관계를 가지고 있는 것처럼 보인다.

예수님은 산상수훈에서 명확하게 자신은 율법을 폐하러 온 것이 아니라 완성케 하러 오셨다고 말씀하셨다. 그럼에도 어떻게 기독교는 율법에 대해 적대감을 가지고 더 나아가 율법을 무시하는 태도를 가지게 되었는가 이해하기 어렵다. 우리는 복음을 가지고 있기 때문이며 율법은 복음의 반대 위치에 있기 때문일까?

사도 바울의 교훈에 나타난 율법과 복음에 대한 서술들을 잘못 이해한 점이 가장 큰 원인이라 할 수 있다.

바울은 인간이 죄 사함을 받고 의롭다 함을 얻는 것이 율법을 준수하는 행위로 말미암는 것이 아니라 예수의 대속의 죽으심과 부활을 믿음으로써 오

직 십자가의 공로에 의해서만 죄 사함의 은혜를 얻을 수 있다고 말하였다.

여기서 바울은 율법이 가르치는 하나님의 가치가 무용하다고 말한 적이 단 한 곳도 없다. 다만 초대 교회에 유대인 성도와 이방인 성도 간에 발생하는 율법 논쟁을 정리하기 위해 속죄론을 분명하게 가르친 것이다.

구원은 공로에 의해서가 아니라 은혜와 믿음에 의해서만 얻어질 수 있다는 말씀이다.

믿음으로 구원을 얻은 자는 율법을 지켜야 하는가 말아야 하는가? 바울은 이에 대해 로마서에서 이미 명확하게 정리해 주었다. 그러면 율법은 그리스도인에게 무용한가? 그렇지 않다고 분명히 말씀한다.

거듭난 그리스도인은 율법의 구체적인 규범에 매이지 않는다. 그러면 그리스도인의 삶은 규범이 없어도 되는가? 그렇지 않다. 우리는 그리스도를 통해 하나님께 돌아온 자들이다. 본래는 하나님께 나아올 수 없는 죄인들이었지만 그리스도의 십자가 공로로 보혈의 은혜를 통해 휘장 가운데로 난 길을 통해 하나님께 나아온 자들이다.

그러면 우리의 삶에 분명한 기준이 발생한다. 곧 하나님의 가치에 준하는 존재로 항상 하나님 앞에 존재해야 한다는 점이다. 이는 곧 우리가 본래 지음받은 하나님의 형상의 회복에 대한 것이다. 아담이 상실한 것을 예수 그리스도께서 당신의 생명을 버려 우리로 하여금 다시 찾을 기회를 허락하신 것이다.

따라서 우리는 하나님의 형상 곧 하나님의 가치(Values)를 지녀야 한다. 당연히 하나님께서는 우리에게 당신의 도를 가르치셨고 이를 요구하셨다.

이를 위해 하나님께서는 아브라함을 택하셨고 그 자손 이스라엘 백성과 시내산 언약을 세우셨다. 이 언약으로 주신 말씀이 토라였다.

우리는 모세 오경으로 알려진 토라를 율법으로 번역하고 있지만 사실 "토라"라는 히브리 말은 가르치다(Teaching), 교훈의 말씀인 것이다. 물론 그 안에는 율법도 포함된다. 바울은 디모데 후서 3장 16절에서 그리스도인들에게 이 토라의 역할과 의미가 무엇인지를 분명하게 정의하고 있다.

> 모든 성경은 하나님의 감동으로 된 것으로 교훈과 책망과 바르게 함과 의로 교육하기에 유익하니 이는 하나님의 사람으로 하여금 온전케 하며 또 모든 선한 일을 하기에 온전케 하려 함이라

하나님께서 아브라함을 택하신 목적은 창세기 18장 19절에 분명하게 선언되었다. 즉 하나님의 도를 지킴으로써 하나님의 절대 가치인 의(צֶדֶק 쩨데크)와 공도(מִשְׁפָּט 미쉬파트)를 행하게 하려는 것이 하나님의 목적이었다고 말씀하신다.

> 내가 그로 그 자식과 권속에게 명하여 여호와의 도를 지켜 의와 공도를 행하게 하려고 그를 택하였나니 이는 나 여호와가 아브라함에게 말한 일을 이루려 함이니라

이 하나님의 목적으로부터 시내산 언약이 이루어졌고 율법이 주어진 것이다. 따라서 율법은 하나님께서 이스라엘 백성들을 가르치신 "하나님의 도(דֶּרֶךְ 데레크-道)"가 목적이었다. 야훼의 도를 따라 살도록 하신 규범들이 곧 율법이다.

오늘 우리에게는 이 규범이 유효성을 가지지는 않지만 이 규범들의 목적을 이루는 야훼 하나님의 도는 그대로 계승된다. 하나님이 영원하심과 같이 하나님의 근본을 이루는 가치 또한 영원하기 때문이다.

이사야 2장 2-3절에 말일에 대한 예언이 기록되어 있다.

> 말일에 여호와의 전의 산이 모든 산 위에 굳게 설 것이요 모든 작은 산 위에 뛰어나리니 만방이(הַגּוֹיִם 나라들) 그리로 모여들 것이라
> 많은 백성이 가며 이르기를 오라 우리가 여호와의 산에 이르자 그가 그 도로 우리에게 가르치실 것이라 우리가 그 길로 행하리라 하리니 이는 율법이(תּוֹרָה 토라가) 시온에서부터 나올 것이요 여호와의 말씀이 예루살렘에서부터 나올것임이니라

이는 말일에 열방이 하나님의 성전이 있는 시온으로 모여 올 것이며 그때에 "야훼의 도"를 열방의 백성들이 가장 사모하는 말씀이 될것이고 토라가 그때에도 여전히 존재하고 선포될 것임을 예언하고 있다. 그러므로 구약 율법 시대와 이 말일 이후의 시간들 사이에 존재하는 교회 시대에 하나님의 도(가치들), 토라의 교훈은 당연히 존재하는 것이다.

따라서 소위 구원받음, 즉 거듭남은 최종 목적이 아니다. 거듭남을 통하여 마침내 하나님의 형상을 회복하고 하나님의 자녀다운 모습으로 이 세상을 살아가야 하는 것이다. 그것은 하나님 나라에까지 영원히 이어진다. 일직선상에 그려 보면 거듭남은 그 시작점에 해당한다는 사실을 발견할 수 있다. 정확히 말해 구원이라는 것은 종말론적인 완성의 개념이다.

예수님은 제자들을 향하여 "너희는 세상의 소금, 세상의 빛"이라 말씀하셨다. 이는 제자의 본질에 대한 규정이자, 제자의 사명이다.

우리가 하나님의 가치를 지니고 있지 않다면 맛을 잃은 소금처럼 무가치한 존재로 버려질 것이다.

이런 이해를 바탕으로 율법과 복음의 관계가 명확하게 이해되어야 한다. 따라서 산상수훈 본문에서 예수님은 이렇게 말씀하셨다.

> 내가 율법이나 예언(선지자)이나 폐하러 온 줄로 생각지 말라 폐하러 온 것이 아니요 완전케 하려 함이로라
> 진실로 내가 너희에게 이르노니 천지가 없어지기 전에는 율법의 일점 일획이라도 반드시 없어지지 아니하고 다 이루리라
> 그러므로 누구든지 이 계명 중에 지극히 작은 것 하나라도 버리고 또 그같이 사람을 가르치는 자는 천국에서 지극히 작다 일컬음을 받으리라 (17-19)

따라서 구약의 예이나 특히 계명 중에 지극히 작은 것이라도 무시해선 안 될 것이요 이 모든 율법들을 통해서 이를 명하신 하나님의 목적 즉 하나님의 성품과 가치를 발견하고 실천해야 한다.[14]

---

14. 구약의 율법과 예언들 전체를 통해서 공통적으로 하나님의 5대 핵심 가치를 발견할 수 있다. 이에 대해서는 필자의 다른 저서와 강의자료를 참조하기 바란다.

4. 예수님의 미드라쉼 (마 5:20-48)

1) 제자에게 요구되는 의와 구원 (5:20)

20. 내가 너희에게 이르노니 너희 의가 서기관과 바리새인 보다 더 낫지 못하면 결단코 천국에 들어가지 못하리라

이 말씀을 율법적 기준을 의미하는 말씀으로 오해하면 자칫 난해 구절로 비쳐질 수 있다. 예수를 믿고 거듭나면 천국에 들어가는 것 아닌가? 그런데 예수님은 제자들에게 단순한 믿음 외에 의의 필요충분량을 요구하신다.

이는 예수님이 십자가를 지시기 전이라 그런 말씀을 하신 거라 변명할 수 없다. 예수님께서는 영원한 진리를 정확히 말씀하신 것이고 무엇보다 이는 오순절 사건 이후 교회 시대에 비로소 작성된 복음서이기 때문이다.

오늘 우리는 초대 교회 사도들의 교훈과 다른 종류의 뉘앙스로 믿음을 이해하고 있지나 않은지 돌아보아야 한다.

혹자는 이를 성령에게 돌리는 우를 범한다. 나는 믿음을 가질 뿐이고 내 안에서 성령이 나를 성결하게 만들어 간다는 식의 비인격적인 강론을 일삼는 이들이 간혹 있다. 심지어 내가 성결하게 사는게 성결이 아니라 성령이 나를 거룩하게 만들어 가는 것이 성결이라는 현실 이탈적 사유를 가진다.

이러한 이들은 과연 거듭나기나 했으며 성령을 알기나 하는지 재점검되어야 한다. 그들의 말이 맞다면 성화되지 않은 그리스도인의 모든 책임은 성령님께 있다는 말인가. 그럼 거룩한 삶의 결과에 대해 칭찬받을 일도 없고 책망받을 일도 없는 것 아닌가.

오늘날 교회의 타락과 신앙의 능력을 저해해 온 바탕에는 이러한 궤변적이고 비인격적인 주장들이 그 바탕에 있다. 이들은 모두 거짓 교사들이며

그에 따른 책임은 심판 날에 가장 중하게 지게 될 것임을 명심해야 한다.

본문의 말씀은 예수님의 어록이다. 즉 주께서 친히 말씀하신 구원과 관련한 교훈이다. 서기관과 바리새인보다 우리의 의가 더 낫지 못하면 천국에 들어가지 못한다. "결단코"라고 주님은 강조해 말씀하셨다.

이 말씀이 불행하게 느껴지는 사람이 있다면 그는 과연 하나님을 사랑하는 사람인지 세상과 정욕을 더 사랑하는 사람이 아닌지 자신을 돌아보아야 한다.

예수님은 여기서 서기관과 바리새인들이 주장하는 율법주의의 강령들을 말씀하신 바가 없다는 점에 주의해야 한다. 의(쩨데크)를 말씀하신 것이다.

이 의는 성경(오늘날 구약 성경)이 처음부터 말씀하고 있는 하나님의 핵심 가치이며 하나님의 택함받은 백성들에게 요구되는 핵심 가치이다.

성경은 "의(쩨데크)와 공의(미쉬파트)가 주의 보좌의 기초"라고 말씀하고 있다(시편 89:14). 하나님의 보좌가 놓이는 거처, 자리, 기초라는 의미이다. 이는 마치 언약궤의 덮개(시은좌)가 언약궤 함 위에 놓이며, 그 언약궤는 반드시 지성소 중앙에 놓여야 하는 것과 같이 절대 불변의 원리와 같다.

의는 성경의 모든 가치들 중에 가장 근원적이며 가장 강력한 줄기를 이루고 있다. 율법은 이를 가르치고 이 안에서 살아가게 하기 위한 규범들일 뿐이다. 이 규범적 의, 법률적 의를 의미하는 말이 미쉬파트('공의'로 번역되고 있음)이다.

이 의의 구현을 위해 율법을 주셨거늘 서기관과 바리새인들은 율법을 주장하되 그 근본인 의을 추구하지 않는다는 비판을 세례 요한과 주님께로부터 받았다. "회칠한 무덤"이라고까지 책망하셨다. 무덤의 겉은 하얗게 칠하여 "겉으로는 아름답게 보이나 그 안에는 죽은 사람의 뼈와 모든 더러운 것이 가득하도다 (마태복음 23:27)"라고 그들의 상태를 정확히 드러내신 바 있다. 즉 그들이 주장하는 율법주의적인 삶의 강령들이 본래 목적인 의(쩨데크)를 상실했다는 점을 지적한 것이다. 그렇다면 그들은 무슨 목적으로 율법주의를 주장하는 것일까?

오늘 우리는 무슨 목적으로 목회를 지속하려고 하는가? 무슨 목적으로 예수 믿는 신앙생활을 유지해 나가고 있는가? 내 삶이 더 나은 삶으로 향하기 위한 목적을 추구하는것은 옳다. 나 자신을 더 가치 있고 인정받는 존재가 되기 위해 추구하는 것은 좋은 것이다. 그러나 그것이 목회의 목적이 되고 있다면 잘못이다. 그것이 하나님과의 관계의 목적이라면 그릇된 것이다.

목회는 자아 실현의 수단이 되어서는 안 된다. 신앙은 자기 인생의 더 나은 가치를 실현하기 위한 수단이 되어서는 안 된다. 이렇게 자신을 위해 하나님을 부르며 인생을 살다 간 사람은 이후 심판의 자리에서 구원을 얻지 못할 가능성이 높다.

이처럼 당시의 바리새인과 서기관들이 의로운 율법을 주장하기는 했으나 그들의 삶에 쩨데크(의)를 진실로 추구하던 이는 찾아보기 어려웠던 것이다.

여기서 주님은 제자들에게 밝히 말씀하셨다. '삶에서 추구하고 실현해 나가는 의의 수준이 서기관이나 바리새인들보다 못하다면 너희도 천국에 들어올 생각이랑 아예 말아라. 결단코 그런 자들은 천국에 들어가지 못한다.' 교훈하신 것이다.

오늘 우리 안에 있는 의(쩨데크)는 어떤 수준이며, 우리는 의(쩨데크)를 지속적으로 추구하고 사랑하는 삶을 살아가고 있는가.

의를 잃은 자는 그 안에 하나님을 잃은 자이며 그의 삶의 행위들에서 의가 없는 자는 구원이 없는 자라 정리할 수 있다. 더 이상 사변적이고 궤변적인 거짓 교훈에 속지 말고 예수님께서 직접 말씀하신 복음을 이해하고 따르는 자가 되어야 한다.

우리가 예수를 구주로 믿고 거듭났을 때 우리는 하나님께로부터 "의롭다 하심"을 얻는다. 또한 의로 거듭난 새 심령이 마음에 생겨난다. 문제는 그때부터 시작된다. 많은 이들이 중간에 이 마음을 잃어버리는 것 같다.

우리가 구원받은 것이 무엇인가? 죄로부터 의로 돌이킨 것이 아닌가, 이것이 '회개'의 정의다. 예수의 피로써 죄인이었던 자가 의인이 된 것이다.

그러면 이제 그 의를 지켜야 하고 또 온전케 해야 하지 않겠는가? 이는 당위성 안에 있는 것이다.

의를 추구하는 것이 거듭난 영혼 안에 성령께서 계속해서 일으키시는 요구이자 거룩한 욕구이다. 처음에는 부족함이 많고 여러 가지 죄의 습관들이 남아 있을 수 있다. 그러나 의를 추구하는 사람은 매번 그리스도의 보혈 앞에 나와 자신의 죄와 부족함을 회개하고 연단을 통해 온전하게 되어 갈 것이다. 이것이 영적 성장이다.

문제는 이를 소홀히 여기고 세상의 이득과 행복 욕구를 추구하며 서서히 종교적 기독교인이 되어 가는 일이 적지 않다는 데에 있다. 마치 기름이 떨어져 버린 미련한 다섯 처녀들과 같이...... 어느 순간 그녀들은 등잔만 손에 쥐고 있는 모습으로 드러난다.

이에 대해 예수님은 산상수훈의 마지막 부분에 가서 매우 심각하게 다시 한번 다루시는 것을 보게 된다.

예수께서 십자가에 죽으심으로 우리에게 주신 구원을 가벼이 여기지 말라.

2) 의에 대한 여섯 가지 율법 강론 (5:21-48)

여기에 언급하신 여섯 가지 주제는 -바로 앞의 20절에서 말씀하신- 서기관과 바리새인의 율법 교훈을 넘어서는 의의 개념을 보여 준다. 이를 어떻게 이해하고 적용하는 것이 바리새인과 서기관들의 의보다 더 나은 의를 지닌 삶이 되는지 실제 중요한 이슈들을 재해석해 주심과 동시에 율법 이해의 용례를 가르쳐 주신다.

(1) 살인 금지 계명에 대하여 (5:21-22)

> 21. 옛 사람에게 말한바 살인치 말라 누구든지 살인하면 심판을 받게 되리라 하였다는 것을 너희가 들었으나
> 22. 나는 너희에게 이르노니 형제에게 노하는 자마다 심판을 받게 되고 형제를 대하여 라가라 하는 자는 공회에 잡히게 되고 미련한 놈이라 하는 자는 지옥 불에 들어가게 되리라

살인은 인간이 저지를 수 있는 죄악 중에 최악의 죄라 할 수 있다. 하나님의 형상으로 지음받은 형제를 살인하는 것은 하나님의 모든 가치를 파괴하는 행위이며, 이를 지으신 창조주에 대한 반역이고 도전이다. 따라서 살인에 대한 하늘의 형벌은 지옥 불에 들어가는 것이다.

그러나 모든 살인을 이렇게 말할 수 있는가? 하나님이 정당성을 인정하시는 살인은 이 계명에서 예외 된다. 오늘날 모든 살인은 죄악이라는 일률적 사고를 가진 자들이 사형 반대 운동과 같은 인권 운동을 벌이고 있으나 구약의 율법은 도리어 어떤 자들은 사형을 집행하도록 명령하고 있다.

이를 판단하는 가치는 의(쩨데크)의 기준이다. 그리고 성경 어디에도 개인이 사형을 집행하도록 허락한 일은 없다. 그러므로 국가와 같은 공적인

정의 실현의 차원에서 특수한 경우에 집행될 수 있어야 한다. 국가는 하나님의 정의를 집행하고 세상에 정의 수호를 공표해야 할 사명이 있기 때문이다.

따라서 이런 예외를 제외하고는 살인은 가장 큰 죄악이다. 이는 회복이 불가능한 죄이기 때문에 더욱 비극적이다. 따라서 십계명의 미쉬파트는 이를 엄히 금하고 있다. 그런데 예수님은 이 율법을 단순한 문자적 사유를 넘어 근원적 사유의 바탕에서 해석해 주신다. 즉 형제에게 분노를 표하거나 라가라 하거나 미련한 놈이라 욕을 하는 것만으로도 지옥 불에 들어가게 되리라고 말씀하신다. 즉 살인의 결과로부터 살인이 정의되는 것이 아니라 살인의 시작이 되는 분노와 저주부터 살인의 범주로 규정한 것이다.

그러면 세례 요한이나 예수님께서 간혹 "뱀들아 독사의 새끼들아" 욕하신 것은 어떻게 되는 건가 우리가 실수로라도 욕하게 되면 지옥에 던져지는 것인가 혼란스러워 하는 경우가 있을 것이다.

고대 신약 성경의 다른 사본을 보면 이 본문에 "까닭 없이"라는 전제가 붙은 사본도 있다. 그분들이 하신 말씀은 저들의 죄의 실체를 드러내고 책망하시기 위해 하신 예언자적인 말씀이다. 그러나 우리가 세례 요한이나 예수님처럼 하나님의 말씀을 대언할 만한 존재는 되지 못한다.

살인은 우리가 형제를 심판하는 행위이다. 예수님께서는 당신 스스로도 죄인들, 심지어 자신을 찌르는 자들조차 정죄하지 아니하고 심판하시는 하나님께 맡겼다.

먼저 이것을 이해해야 한다. "어리석은 자"라는 욕은 히브리인들에게는 좀 더 심각한 욕이 된다. 지혜 문학, 특히 잠언에서 '어리석은 자'는 하나님의 율법을 떠난 자, 하나님의 도를 떠난 자, 하나님을 떠난 자, 하나님의 교훈을 멸시하는 자로서 그의 길은 죄의 길이며 그의 길의 끝은 사망으로 이어진다고 교훈하고 있다. 지혜 문학은 성경의 한 부분으로서 예수님 시대에도 익히 알려져 있었다. 따라서 이 욕설은 매우 심각한 저주 내지 입으로 내뱉은 심판의 의미가 된다.

우리가 입으로 형제를 라가(쓸모없는 놈)라고 한다거나 어리석은 자라고 정죄하는 것은 이미 우리가 마음과 입으로 형제를 판단(judgment)한 것이기 때문에 하나님의 절대 권위를 침범하는 것이다. 물론 입으로 욕한 것이 실제로 살인한 것은 아니다. 여기서 요점은 결과이다. 살인죄와 동일한 결과인 하나님의 심판을 당하게 된다는 말씀이다.

우리는 입으로 정죄하는(judgment) 죄를 회개하고 다시는 이런 살인에 준하는 죄를 범치 말고 오직 사랑과 선행을 서로 격려하며, 입으로 복음을 전하며 신령한 노래들로 서로 화답하기를 힘써야 한다.

(2) 사람 간의 관계에서 의의 실현의 중요성 (5:23-26)

23. 그러므로 예물을 제단에 드리다가 거기서 네 형제에게 원망 들을만한 일이 있는줄 생각나거든
24. 예물을 제단 앞에 두고 먼저 가서 형제와 화목하고 그 후에 와서 예물을 드리라
25. 너를 송사하는 자와 함께 길에 있을 때에 급히 사화하라 그 송사하는 자가 너를 재판관에게 내어주고 재판관이 관예에게 내어주어 옥에 가둘까 염려하라
26. 진실로 네게 이르노니 네가 호리라도 남김이 없이 다 갚기 전에는 결단코 거기서 나오지 못하리라

하나님께서는 우리가 불의한 행위를 형제에게 저지른 상태에서 우리가

드리는 예배와 헌신을 받지 않으신다. 하나님은 모든 것을 아시기 때문이다. 진실로 하나님을 예배하고자 하는 자에게 성령께서는 이러한 문제들을 우리 양심 가운데 깨닫고 생각나게 하신다(23절).

형제에게 잘못을 저지르고 하나님께 나아가는 자는 은혜의 길이 막혀 있음을 경험하게 된다. 그가 많이 기도할지라도, 또는 교회에서 여러 가지 봉사에 힘쓸지라도 그러하다. 이런 사례가 많이 경험되고 있음에도 대부분 사람들은 충분한 성찰에 이르지 않는다. 그저 예의 종교적 신앙생활을 이어나갈 뿐이다. 목회 현장에서 안타까운 경우를 많이 경험한다.

목사들은 성도들의 인생과 문제들을 통찰하고 올바른 해법을 지도해야 한다. 얽힌 매듭을 합당하게 풀면 막혔던 은혜의 줄기도 뚫리게 될 것이다. 이런 은혜 체험의 사례를 목회 현장에서 종종 경험하게 된다.

예수님은 여기서 중요한 말씀을 더하셨다.

> 네가 호리라도 갚기 전에는 결단코 거기서 나오지 못하리라 (26)

인생의 소위 '막혀 버린 은혜'의 문제가 다른 종교적 수단으로 해결될 수 없음을 분명히 하신 것이다. 하나님은 살아 계시기 때문이다. 그럼에도 많은 사람들이 풀어야 할 곳에서 문제를 풀지 못하고 기도회, 은혜 집회, 세미나 등을 전전하면서 문제 해결을 입고 은혜의 삶을 얻으려고 노력한다.

시간이 지나가면 달라진 게 실상 하나도 없음을 깨닫게 될 것이다. 의의 문제에 있어서 망가진 부분에서 의가 회복되지 않으면 갚을 때까지 갚아진 게 아니라는 예수님의 경고를 잊지 말아야 할 것이다.

(3) 간음 금지의 명령에 대하여 (5:27-28)

27. 또 간음치 말라 하였다는 것을 너희가 들었으나
28. 나는 너희에게 이르노니 여자를 보고 음욕을 품는 자마다 마음에 이미 간음하였느니라

하나님은 헤세드의 하나님이시다. 헤세드는 쩨데크(의), 미쉬파트(공의, 규범)와 함께 성경의 율법과 예언자들의 메시지 전체에 나타나는 핵심 5대 가치 가운데 하나이다.

호세아서에 의하면 북이스라엘이 멸망한 핵심 이유가 그들이 헤세드를 저버렸기 때문이라고 하나님께서 책망하셨다. 그 땅에는 이 다섯 가지 하나님의 핵심 가치가 모두 실종되어 있다는 선지자의 예언이 쩌렁쩌렁하게 울리고 있다. 그 결과는 그들의 참혹한 파국으로 다가왔다.

간음이란 결혼 배우자에 대한 헤세드를 심각하게 저버리고 파괴한 행위이다. 헤세드는 인격적인 상호 간에 발생하는 의무와 도리, 신의와 기대 배려에 충실한 것을 의미하는 히브리어만이 유일하게 가지는 용어이다. 학자들에 의하면 이를 정확히 번역할 수 있는 대응 단어를 가진 언어는 없다.

간음의 범주는 무엇인지 예수님의 해석은 간음의 행위에 맞추어져 있지 않다. 예수님은 여자를 보고 음욕을 품는 자마다 마음에 이미 간음한 것이라고 말씀하셨다. 살인죄에 대한 관점과 동일한 방식으로 해석하셨다.

간음은 결혼 관계에서만 존재하는 사건이다. 배우자에 대한 심각한 배신 행위이다. 또 타인의 배우자에게 음욕을 품었다면, 심지어 실행에 옮겼다면 이는 넘지 말아야 할 성역을 넘어 들어간 것이다.

간음 상대의 배우자는 얼마나 큰 배신을 당한 것이고 침해를 당한 것인가. 하나님은 이런 죄를 용서치 아니하신다. 요한계시록에 보면 최후의 심판

을 당할 때에 이러한 범죄자들도 불과 유황으로 타는 못에 참예하게 될 것을 예언하고 있다.

> 그러나 두려워하는 자들과 믿지 아니하는 자들과 흉악한 자들과 살인자들과 행음자들과 술객들과 우상숭배자들과 모든 거짓말 하는 자들은 불과 유황으로 타는 못에 참예하리니 이것이 둘째 사망이라 (계 21:8)

> 개들과 술객들과 행음자들과 살인자들과 우상숭배자들과 및 거짓말을 좋아하며 지어내는 자마다 성 밖에 있으리라 (계 22:15)

다행히도 예수님은 간음하다 현장에서 잡힌 여인을 용서해 주셨다. 그러므로 지금이라도 간음하는 자들은 기회 지나가기 전에 죄를 회개하고 다시는 범죄치 않도록 근신해야 할 것이다.

(4) 범죄의 심각성 (5:29-30)

29. 만일 네 오른눈이 너로 실족케 하거든 빼어 내버리라 네 백체 중 하나가 없어지고 온 몸이 지옥에 던지우지 않는 것이 유익하며
30. 또한 만일 네 오른손이 너로 실족케 하거든 찍어 내버리라 네 백체 중 하나가 없어지고 온 몸이 지옥에 던지우지 않는 것이 유익하니라

천국과 지옥에 대한 확실한 증거는 예수님께서 이 땅에 오신 이후로 시작된 메시지이다. 예수 이전 구약 성경에서는 지옥이란 말이 존재하지 않으며 천국(하늘의 왕국 개념) 또한 찾아볼 수 없다. 따라서 예수님께서도 당시 사

람들에게 지옥을 "게헨나"라는 대체 용어로 말씀하셨고 그에 대한 묘사로써 지옥의 실체를 드러내셨다. 즉 "불과 유황으로 타는 못"이다.

마가복음은 이에 대해 위대한 선언으로 복음서를 시작한다.

> 하나님의 아들 예수 그리스도 복음의 시작이라 (막 1:1)

이는 사실 "때가 찼고 하나님 나라가 가까왔으니 회개하고 복음을 믿으라"는 세례 요한의 선포로부터 시작된다. 성경은 예수님이 전한 말씀들을 "천국 복음"이라고 칭하며 실제 예수의 설교들 대다수가 천국과 지옥에 대한 주제임을 알 수 있다. 예수로 말미암아 세상에 전파되기 시작한 복음은 바로 천국 영생 구원에 대한 복음이며 그 반대편에 지옥 형벌이 자리하고 있다.

예수님은 지옥의 형벌이 영원하며 상상할 수 없이 끔찍한 장소인 것을 경고하신다. 단순히 죄를 짓는 것은 나쁜 것이다 또는 죄를 지으면 벌을 받는다는 차원의 문제가 아닌 영원한 고통의 형벌이며 영원히 버림받은 장소에 처하게 되는 것이다.

세상은 죄를 예수님만큼 심각하게 이해하지 못한다. 그래서 예수님은 천국을 전하러 오신 만큼 지옥을 전하러 오셨다고 봐도 무방할 정도이다.

산상수훈에서 예수님은 지옥만큼은 절대로 들어가서는 안 될 곳으로 강조하여 경고하신다. 심지어 눈 때문에 또는 오른손 때문에 죄를 피할 수 없거든 제거해 버리라고까지 말씀하신다.

"네 백체중 하나가 없어지고 온몸이 지옥에 던지우지 않는 것이 유익하다"고 반복해서 말씀하셨다.

창세기에 요셉은 하나님 앞에 범죄치 않기 위해 보디발 아내를 피해 옷을 빼앗긴 채 도망쳤고 그로 인해 인생이 나락으로 떨어질 것을 예감했을지라도 그는 그 길을 차라리 택하였다.

하나님은 측량할 수 없이 은혜로우셔서 당신의 독생자를 십자가에 버려져 죽임당하게 하시고 우리 죄인들을 용서해 주셨다. 그럼에도 불구하고 하나님의 의(쩨데크)는 변함없기에 그 십자가의 은혜에도 불구하고 죄를 회개치 않고 돌이키지 않는 자들에게는 영원한 지옥의 형벌을 예비해 놓으신 것이다.

산상수훈을 이해함에 있어서 죄와 그에 따른 형벌의 심각성을 느끼고 이해하는 것은 산상수훈 이해의 주요한 한 축을 이룬다. 산상수훈의 큰 주제는 "구원"이기 때문이다. '현재를 살아가는 구원받은 자'의 본질에 대한 것과 마침내 '구원의 완성'에 이르기 위한 핵심 교훈들이 산상수훈의 주제이다.

(5) 이혼법에 대한 재해석 (5:31-32)

31. 또 일렀으되 누구든지 아내를 버리거든 이혼 증서를 줄것이라 하였으나
32. 나는 너희에게 이르노니 누구든지 음행한 연고 없이 아내를 버리면 이는 저로 간음하게 함이요 또 누구든지 버린 여자에게 장가드는 자도 간음함이니라

성경은 결혼을 하나님의 창조 섭리에 속한 것으로 보며 이는 거룩한 관계이고 인위적으로 변개할 수 없는 평생의 언약이기도 하다. 또한 결혼은 언약의 관계이며 언약이란 속성상 언약의 주체들이 존재하는 한 영원하다. 다시 말해 결혼은 한시적인 언약으로 성립되지 않는다는 뜻이다. 또한 이

것은 조건적인 언약도 아니다. 이 경우 조건이 변하면 결혼도 파기할 수 있기 때문이다. 결혼은 인격과 존재에 대한 사랑으로 하나 됨의 언약이기 때문에 이는 무조건적이고 실존 자체에 얽혀 있다. 성경은 이를 "한 몸"이라고 표현한다.

이러한 이유에서 성경은 원칙적으로 이혼을 인정하지 않으며 이는 하나님이 제정하신 창조 섭리와 하나님의 가치에 따르기 때문이다. 그러나 현실적으로 간음을 통해 부부 관계에 심각한 인격적 파괴가 발생한 경우에 예외적으로 이혼을 허락한 것이 그들이 알고 있던 모세의 법이라고 본문에 말씀하고 있다. 그러나 여기서 예수님은 그럼에도 불구하고 그것은 인간의 완악함을 인하여 예외를 허락한 것일 뿐 실상은 그런 상황에서도 이혼을 하지 않는 것이 본래의 하나님 뜻에 맞는 것이라 하셨다.

그리고 이런 결혼 관계에 대한 본질적 이해를 바탕으로 버린 여자에게 장가드는 것도 간음죄에 해당한다고 말씀하신 것이다(32절). 왜냐하면 한 번 맺어진 결혼을 통해 영혼과 인격에 새겨진 결혼의 언약은 지상에서 영원하기 때문이다.

우리는 여기서 결혼은 단지 인간들이 서로 이루어 가는 여러 가지 관계의 하나가 아니라 하나님께서 주목하여 보시는 창조 섭리의 한 중요한 부분이라는 사실과 함께 세상의 방식과 상관없이 하나님께서 보시는 결혼의 유효한 관계가 어디에 있는지를 알 수 있다.

그러므로 히브리서는 혼인을 귀히 여기고 침소를 더럽히지 말라고 교훈하고 있다.

> 모든 사람은 혼인을 귀히 여기고 침소를 더럽히지 않게 하라 음행하는 자들과 간음하는 자들을 하나님이 심판하시리라 (히 13:4)

(6) 맹세 관습에 대하여 (5:33-37)

33. 또 옛 사람에게 말한바 헛 맹세를 하지 말고 네 맹세한 것을 주께 지키라 하였다는 것을 너희가 들었으나
34. 나는 너희에게 이르노니 도무지 맹세하지 말찌니 하늘로도 말라 이는 하나님의 보좌임이요
35. 땅으로도 말라 이는 하나님의 발등상임이요 예루살렘으로도 말라 이는 큰 임금의 성임이요
36. 네 머리로도 말라 이는 네가 한 터럭도 희고 검게 할 수 없음이라
37. 오직 너희 말은 옳다 옳다, 아니라 아니라 하라 이에서 지나는 것은 악으로 좇아 나느니라

고대에 사람들은 맹세를 할 때에 사람의 말에 대한 보증인으로서 신을 불렀다. 이렇게 함으로써 맹세를 깨는 것은 심각한 문제가 되게끔 한 것이다. 이는 지금도 크게 다르지 않다. 그러나 이것은 하나님의 거룩하신 이름을 망령되이 일컫는 죄(출 20:7)가 되며 하나님의 이름을 오용하고 모독하는 것(레 19:12)이 된다.[15] 인간 세상의 사사로운 일에 거룩하신 하나님의 이름을 소환해선 안 되기 때문이다.

우리는 말로써 선을 넘지 말아야 한다. 과장된 사유와 권위의 선을 넘어서는 말은 우리의 사유를 더럽히고 혼란스럽게 만들어 간다. 그러므로 우리는 하늘로도 맹세할 수 없고 땅으로도 맹세할 자격도 권한도 없는 것이다. 심지어 우리 자신의 머리털로도 맹세하지 말라고 하셨다. 사실 머리는 내 소유인 것 같지만 이조차 내 맘대로 할 수 없는 존재가 우리 인간이다. 내 머리털도 하나님의 창조물이기 때문이다.

---

15. 너는 너의 하나님 여호와의 이름을 망령되이 일컫지 말라 나 여호와는 나의 이름을 망령되이 일컫는 자를 죄없다 하지 아니하리라 (출 20:7)
너희는 내 이름으로 거짓 맹세함으로 네 하나님의 이름을 욕되게 하지 말라 나는 여호와니라 (레 19:12)

구약에서는 맹세와 관련한 용어로 샤바(쉐바)라는 단어가 있다. '서원하다'는 말은 '네데르'로서 샤바와 구분된다. 샤바는 '일곱 번 말하다'는 의미도 내포하며 이로써 확언하여 말하는 것으로서 맹세의 의미로 번역된다.

랍비들도 헛맹세를 금하고 만일 맹세한 것이 있으면 하나님 앞에 반드시 지키라고 율법을 따라 가르쳐 왔다. 그런데 예수님은 아예 맹세를 하지 말라고 말씀하신다. 인간이 아무리 의로운 자라 해도 반드시 맹세를 지킬 수 있는가? 인간은 실상 자신을 보증할 능력이 없다. 본인의 의지는 죽도록 변함이 없다 할지라도 만일 병들거나 일찍 죽음을 맞게 된다면, 또는 어떤 재난으로 인해 맹세를 갚기에 충분치 못한 형편이 되어 버린다면 그의 맹세는 그의 의지와 상관없이 지켜지지 못하고 말 것이다.

예수님은 이를 지적하신다. 진실(에메트)에서 더 나아가는 것은 합당치 않기 때문이다. 랍비들의 가르침을 넘어서 근원적인 사유에 접근하게 하신다. 자기 의지와 상관없이 맹세함으로써 도리어 죄를 남기고 갈 수도 있는 존재가 연약한 인생이기 때문이다. 바로 맹세할 수 없는 인생의 하찮음을 깨닫게 하시는 것이다.

예수님의 교훈은 제자인 우리에게 바리새인들의 형식적 사유를 넘어서 철저한 진실성을 요구한다. 철저하지 않은 것은 진실이 아니기 때문이다. 하나님은 아브라함에게 전능한 하나님 앞에서 완전하게 행동할 것을 요구하셨다(창 17:1).

창세기 6장 9절에 노아는 당세에 완전한 자였고 이로 말미암아 그가 하나님과 동행하였음을 말씀하고 있다. 다시 말해 아브라함이 하나님 앞에 완전한 자들이었던 조상들의 영성을 회복하여 그의 삶을 하나님 앞에 완전한 자로서 설 것을 요구하신 것이다. 이로써 장차 온 세상의 믿음의 조상이 될 수 있었을 것이다.

물론 이는 신적인 완전성이 아니라 피조물로서의 완전 – 따라서 신학자들은 Perfection이 아니라 Complete라는 용어로 인간의 불완전성 안에서의 온전함을 이야기한다. 이와 같은 의미로서 요한 웨슬레는 "그리스도인의 완전"에 대하여 가르쳤다. 즉 동기의 순수성, 도덕적인 완전을 향해 나아가는 성화에 대하여 가르쳤다. 질그릇은 수정 그릇이 될 수는 없으나 질그릇으로서의 완전한 모습을 갖출 수는 있기 때문이다. 그것은 어떤 유리 그릇으로도 구현될 수 없는 작품일 것이다.

따라서 예수님은 맹세는 지키고 안 지키고의 문제 이전에 인간이 감당할 수 없는 일이라는 것을 깨우쳐 주심으로써 제자로서의 정직한 태도와 행위를 가지게 하신다. 성도에게 있어선 진실한 말! 그 이상은 존재하지 않는다. 또한 제자 된 우리의 사유와 언어가 가져야 할 수준을 지적해 주셨다. 우리는 주님이 가리키신 진실의 길(에메트) 위에서 사유하고 말하며 살아가야 한다. 산상수훈은 '온전한 제자'의 길에 우리를 세워 주는 예수님의 토라(교훈들)이고 예수님의 미드라쉼(해설들)이다.

(7) 원수에 대하여 (5:38-42)

38. 또 눈은 눈으로, 이는 이로 갚으라 하였다는 것을 너희가 들었으나
39. 나는 너희에게 이르노니 악한 자를 대적지 말라 누구든지 네 오른편 뺨을 치거든 왼편도 돌려 대며
40. 또 너를 송사하여 속옷을 가지고자 하는 자에게 겉옷까지도 가지게 하며
41. 또 누구든지 너로 억지로 오리를 가게 하거든 그 사람과 십리를 동행하고
42. 네게 구하는 자에게 주며 네게 꾸고자 하는 자에게 거절하지 말라

48절의 '하늘에 계신 우리 하나님 아버지의 온전하심과 같이 우리도 온전하게 행해야' 하는 것. 이것이 5장 토라에 대한 새로운 해설들의 목표이다.

우리가 어떤 특별한 사법적 또는 군사적 임무를 부여받은 게 아니라면 우리는 땅에서 우리 원수에 대하여 직접 보복하려는 마음, 응징하려는 마음을 먹지 말아야 한다. 그것은 주님의 뜻이 아니다.

"…… 하였다는 것을 너희가 들었으나" 이 말씀은 출애굽기 21장 21절; 레위기 24장 20절; 신명기 19장 21절에 나타난 율법의 말씀이다. 이 율법들은 하나님의 정의를 나타내는 기준이며 고대에 이스라엘 백성들에게 주셨던 율법이었다. 이를 통해 이스라엘 사회에 의의 질서가 유지되도록 하신 것이며 동시에 이를 넘어선 복수 역시 이 율법으로 제한되었다. 그러나 성경은 완전한 정의 구현과 복수는 궁극적으로 의로우신 하나님의 몫이라고 가르친다.

너는 악을 갚겠다 말하지 말고 여호와를 기다리라 그가 너를 구원하시리라 (잠 20:21)

인간은 자신이 당한 불의를 완전하게 되갚을 수 없다. 다시 말해 인간의 힘으로 이 타락한 세상에서 당하는 부당한 피해에 대해 완전한 정의 구현을 이룰 수 없다. 인간은 자신에게 주어진 권한만큼만 행사할 수 있기 때문이다. 그러므로 권한을 위임받은 자들은 정의를 힘써 지켜야 한다.

> 너는 입을 열어 공의로 재판하여 간곤한 자와 궁핍한 자를 위하여 신원할찌니라 (잠 31:9)

> 네 방백들은 패역하여 도적과 짝하며 다 뇌물을 사랑하며 사례물을 구하며 고아를 위하여 신원치 아니하며 과부의 송사를 수리치 아니하는 도다 (사 1:23)

이처럼 하나님께서는 이스라엘의 권력자들이 하나님의 정의를 저버리고 악을 행한 것에 대해서 선지자들을 통해서 지속적으로 책망하고 경고하셨다. 급기야 이스라엘 남, 북 왕국은 이로 인해 멸망을 당했다.

이스라엘 백성들의 포로기의 고난도 큰 고난이었지만 일반 백성들은 이미 불의하고 무능한 권력자들 치하에서 그보다 못하지 않은 부당함과 불의 아래 살아가고 있었다. 이에 선지자들은 모든 원수를 갚으시는 의로우신 재판장으로서 하나님을 바라보도록 예언하였다. 오직 하나님만이 모든 원수를 완전하게 갚아 주실 수 있으며 반드시 하나님께서 공의를 이루실 것이라는 사실을 선포하였다.[16]

---

16. 고아와 과부를 위하여 신원하시며 나그네를 사랑하사 그에게 식물과 의복을 주시나니 (신 10:18)

신원하시는 하나님 즉 '나를 위해 복수하시는 하나님'은 참신이시며, 전능자이시기에 가능한 것이며 이 메시지는 백성들에게 복음이었다.

그리고 이제 예수님은 제자들에게 원수를 갚지 말고 도리어 원수를 사랑하라고 말씀하신다. 산상수훈의 이 말씀은 예수님이 율법을 부정하시는 말씀이 아니라 더 높은 차원의 교훈을 주시는 것이다. 하나님의 말씀은 완전하다. 여기서 놓치지 말아야 할 점은 고대인들에게 주신 실천 규범은 그로부터 대략 1000년 이후의 사람들에게 주시는 말씀과 동일할 수는 없다는 것이다. 그들의 인식의 지평과 그들이 경험한 세계관이 크게 확장되었기 때문이다. 따라서 그들의 철학적 사유의 수준도 시내산 아래에 모여 있던 선조들에 비해 크게 성장해 있었다. '하나님의 말씀의 완전성'을 이러한 이해 없이 성경을 읽다 보면 어느 순간 성경이 조화롭게 풀리지 않는 문제가 발생한다. 진정한 완전성은 상대방의 상태에 맞게 하나님의 뜻이 전달되도록 그들의 이해력에 맞추어 명령하고 교훈하신 데에 있다. 놀라운 사실은 시내산에서 주신 율법의 말씀 안에 이미 하나님의 모든 진리와 뜻이 내포되어 있었다는 점이다. 율법 계시의 완전성은 여기에서 발견되어야 한다.

따라서 예수님은 약 일천여 년 전에 시내산에서 말씀하신 율법을 갈릴리

저가 백성의 가난한 자를 신원하며 궁핍한 자의 자손을 구원하며 압박하는 자를 꺾으리로다 (시 72:4)
내가 알거니와 여호와는 고난 당하는 자를 신원하시며 궁핍한 자에게 공의를 베푸시리이다 (시 140:12)
이것은 여호와의 보수의 날이요 시온의 송사를 위하여 신원하실 해라 (사 34:8)
여호와의 은혜의 해와 우리 하나님의 신원의 날을 전파하며 모든 슬픈 자를 위로하되 (사 61:2)
옛적부터 항상 계신 자가 와서 지극히 높으신 자의 성도를 위하여 신원하셨고 때가 이르매 성도가 나라를 얻었더라 (단 7:22)
내가 여호와께 범죄하였으니 주께서 나를 위하여 심판하사 신원하시기까지는 그의 노를 당하려니와 주께서 나를 인도하사 광명에 이르게 하시리니 내가 그의 의를 보리로다 (미 7:9)

에 모인 제자들에게 본래의 하나님의 의도와 뜻을 다시 풀어 가르치신 것이다. 따라서 성경은 아무런 충돌이 없다. 예수님이 가르치신 새 계명, 즉 새 토라는 원 토라에 감추어 있고 숨겨져 온 비밀들을 드러내어 교훈하셨다는 의미에서 새 토라(New Tora)라고 표현하는 것이다.[17]

본문의 예수님의 교훈은 도리어 원수를 갚아야 하는 상황에 처한 제자들을 보호하기 위한 것이기도 하다.

우리의 세계관은 땅의 세계관이 아니다. 하늘의 세계관을 가져야 한다. "하늘의 하나님" 즉 "엘로헤 하샤마임"이란 호칭은 구약 예언서의 끝 무렵에 등장한 것으로, 포로기 경험을 통해 세계관이 크게 확장되면서 하나님에 대한 깨달음과 느낌의 지평도 함께 확장된 결과 그 신앙을 고백하는 함축된 표현이다. 이 본문에서 특히 예수님은 **"하늘에 계신 너희 아버지 하나님"**이란 호칭을 강조해 말씀하셨다.

우리의 세계관이 하나님의 지평으로 확대되지 않으면 이해될 수 없는 것이다. 또 "이같이 한 즉 하늘에 계신 너희 아버지의 아들이 되리니(42)"라는 말씀이 곧 이를 의미하는 것이라 할 수 있다.

그럼 이제 하나님의 시점에서 우리의 인생을 객관적으로 바라보자. 무엇이 더 지혜로운지, 그리고 무엇이 더 온전한 길인지 본문 말씀을 처음부터 다시 읽어 보면 주의 뜻을 이해하는 데에 좀 더 다가갈 수 있을 것이다.

여기에 한가지 더 생각해야 할 것은, 주님은 이 본문에서는 정의는 그럼 어떻게 이루어지는가에 대해서는 말씀하지 않으셨다. 그러나 바울을 통해서(롬 12:19) 또 히브리서 말씀(10:30)을 통해서 원수 갚는 것이 하나님께 있

---

17. Rabbi Barney Kasdan, *MATTHEW PRESENTS YESHUA, KING MESSIAH* (Leader Books, Clarksville, 2015), p. 79.

다는 사실을 배워야 한다. 성경은 이사야와 예레미야의 예언을 통해 하나님의 말씀을 기록하고 있다.

> 이는 내 원수 갚는 날이 내 마음에 있고 내 구속할 해가 왔으나
> (사 63:4)

> 그날은 주 만군의 여호와께서 그 대적에게 원수 갚는 보수일이라 칼이 배부르게 삼키며 그들의 피를 가득히 마시리니 주 만군의 여호와께서 북편 유브라데 하숫가에서 희생을 내실 것임이로다 (렘 46:10)

아마도 신약의 저자들이 구약 본문의 하나님 말씀들을 근거로 교훈을 전했을 것이다. 복수는 하나님께 있다! 복수는 하나님께 맡겨 드려라! 이것이 신약의 메시지이다. 또한 하나님의 복수는 완전하셔서 하나님의 의를 성취하실 것이다. 그러므로 우리는 세상에서 섣부른 복수로써 하나님의 정의 구현을 훼방하지 말아야 할 것이며, 우리 인생을 분노와 증오와 폭력으로 낭비하지 말아야 할 것이다.

도리어 세상에서는 하나님의 아들들처럼 하나님의 가치와 하나님의 시야를 가지고 원수를 사랑하고 그들에게도 회개와 전도의 기회를 얻도록 해야 할 사명이 있다. 그리고 제자도는 어떤 경우에도 인류애를 상실해서는 안 된다. 어차피 악인들이 회개치 않으면 하나님의 복수를 피할 수 없게 될 것이기 때문이다.

그리고 성도들은 합당한 지위와 힘을 가지고서 사회에 하나님의 정의와 올바른 가치들이 제 기능을 할 수 있도록 사명감을 가지고 하나님의 자녀들이 살아가는 세상다운 바른 사회를 구축하도록 힘써야 한다.

(8) 사랑의 계명과 소결론 (5:43-48)

43. 또 네 이웃을 사랑하고 네 원수를 미워하라 하였다는 것을 너희가 들었으나
44. 나는 너희에게 이르노니 너희 원수를 사랑하며 너희를 핍박하는 자를 위하여 기도하라
45. 이같이 한즉 하늘에 계신 너희 아버지의 아들이 되리니 이는 하나님이 그 해를 악인과 선인에게 비취게 하시며 비를 의로운 자와 불의한 자에게 내리우심이니라
46. 너희가 너희를 사랑하는 자를 사랑하면 무슨 상이 있으리요 세리도 이같이 아니하느냐
47. 또 너희가 너희 형제에게만 문안하면 남보다 더 하는 것이 무엇이냐 이방인들도 이같이 아니하느냐
48. 그러므로 하늘에 계신 너희 아버지의 온전하심과 같이 너희도 온전하라

앞 장에서 이 본문에 대한 설명이 함께 이루어졌다.

율법에 대한 여섯 가지 주제를 언급하시면서 그 마지막으로 가장 큰 계명인 쉐마의 사랑의 율법을 상기시키는 말씀이다.

예수님은 이 쉐마를 '하나님 사랑'에 '이웃 사랑'을 결합하여 말씀하셨다. 그리고 이 '이웃 사랑'의 명령은 레위기에 하나님께서 친히 주신 명령이었다.[18] 예수님이 가르치신 사랑(아하브)의 관점은 원수의 문제에서와 마찬가지로 우리의 시야를 "하늘"로 끌어올린다. 하늘에 계신 우리 아버지 하나님과 같이 온전한 사랑이란 무엇일까? 하나님의 마음, 하나님의 관점을 의미하는 것이 아닐까? 그것은 예수 그리스도의 십자가처럼 인류애에 가까운 큰 사랑이다.

---

18. 원수를 갚지 말며 동포를 원망하지 말며 이웃 사랑하기를 네 몸과 같이 하라 나는 여호와니라 (레 19:18)

우리의 사랑은 우리를 핍박하는 원수에게까지 미쳐야 한다는 것을 구체적으로 설명하셨다. 이는 하나님이 그 해를 악인과 선인에게 내리우심과 같고 비를 의로운 자와 불의한 자에게 공히 내리우심으로써 하나님의 사랑을 온 세상에 베푸시고 영광을 나타내심과 같이 성도의 영광은 자비와 용서를 통해 나타나게 된다. 그리고 때가 되면 하나님께서 자비하심과 별도로 의의 심판을 베푸실 것이다.

사랑의 이와 같은 속성은 복음의 선교적 속성과 근원적으로 동일하다. 따라서 하나님의 사랑은 그 자체가 이미 선교적이다.

하와는 하나님과 같이 되려는 욕망을 품고서 선악과를 따 먹었다. 약속을 어기고 명령을 거역하고 진실을 배반하고서도 선악과라는 특별한 열매를 먹으면 하나님과 같아질 거라는 거짓된 말을 받아들인 것이다. 오늘 목사들과 교인들이 어디선가 이와 같은 일들을 반복하고 있을지 모른다.

그들은 모두 하나님과 같아지기는커녕 사탄의 자식들이 되고 말았다.

산상수훈에서 예수님은 놀라운 복음을 우리에게 말씀하셨다.

"하나님의 온전하심과 같이 너희도 온전하라" 피조물이자 자녀로써 우리도 인격적인 부분에서 하나님과 같이 될 수 있다는 놀라운 사실과 동시에 이를 명령으로 요구하셨다. 선악과를 따 먹음으로써가 아니라 주님의 교훈하신 그 하나님의 가치를 소유함으로써 하나님과 같아질 수 있다는 것이다. 할렐루야!

5. 참된 경건 (6:1-18)

1) 참된 구제 (6:1-4)

1. 사람에게 보이려고 그들 앞에서 너희 의를 행치 않도록 주의하라 그렇지 아니하면 하늘에 계신 너희 아버지께 상을 얻지 못하느니라
2. 그러므로 구제할 때에 외식하는 자가 사람에게 영광을 얻으려고 회당과 거리에서 하는 것 같이 너희 앞에 나팔을 불지 말라 진실로 너희에게 이르노니 저희는 자기 상을 이미 받았느니라
3. 너는 구제할 때에 오른손의 하는 것을 왼손이 모르게 하여
4. 네 구제함이 은밀하게 하라 은밀한 중에 보시는 너의 아버지가 갚으시리라

6장 1-18절까지는 믿음의 행위들을 어떻게 해야 바르게 하는지에 대한 교훈이다. 그 대표되는 것으로 구제, 기도, 금식에 대한 교훈을 예로 들어 말씀하셨다. 무엇보다 바리새인들이 가장 드러나게 본을 보이며 종교적 열심을 나타내던 행위들이었을 것이며 자연스레 일반 백성들도 이러한 삼대 행위가 하나님 앞에 신덕을 쌓는 중요한 일이라 여겨졌을 것이다.

여기서 예수님은 하나님 앞에서 행하는 믿음의 행위들은 사람들을 의식하지 말고, 사람에게 칭찬이나 보상을 바라지도 말고 오직 하나님께서만 보시도록 행하는 것이라야 올바른 경건이라 말씀하신다. 선행을 하되 덤으로 사람에게도 인정받기 위해 경건한 행위를 하는 것은 위선(외식하는 자)이다. 이는 경건 실천에 있어서 절대적 주의 사항이며 이런 식의 구제는 하늘에서 상이 없다. 교회는 선행을 선전하지 말아야 한다.

무엇보다 구제는 구약 율법의 헤세드의 가치를 실천하는 매우 중요한 경건의 실천이었다. 그러나 이는 사람 앞에서가 아니라 오직 하나님만 보시

도록 행해져야 한다. 모든 선행은 순전한 제사와 같이 오직 하나님 앞에서만 행해야 한다.

2) 참된 기도 (6:5-15)

5. 또 너희가 기도할 때에 외식하는 자와 같이 되지 말라 저희는 사람에게 보이려고 회당과 큰 거리 어귀에 서서 기도하기를 좋아하느니라 내가 진실로 너희에게 이르노니 저희는 자기 상을 이미 받았느니라
6. 너는 기도할 때에 네 골방에 들어가 문을 닫고 은밀한 중에 계신 네 아버지께 기도하라 은밀한 중에 보시는 네 아버지께서 갚으시리라
7. 또 기도할 때에 이방인과 같이 중언부언하지 말라 저희는 말을 많이 하여야 들으실줄 생각하느니라
8. 그러므로 저희를 본받지 말라 구하기 전에 너희에게 있어야 할 것을 하나님 너희 아버지께서 아시느니라
9. 그러므로 너희는 이렇게 기도하라 하늘에 계신 우리 아버지여 이름이 거룩히 여김을 받으시오며
10. 나라이 임하옵시며 뜻이 하늘에서 이룬 것 같이 땅에서도 이루어지이다
11. 오늘날 우리에게 일용할 양식을 주옵시고
12. 우리가 우리에게 죄 지은 자를 사하여 준것 같이 우리 죄를 사하여 주옵시고
13. 우리를 시험에 들게 하지 마옵시고 다만 악에서 구하옵소서 (나라와 권세와 영광이 아버지께 영원히 있사옵나이다 아멘)
14. 너희가 사람의 과실을 용서하면 너희 천부께서도 너희 과실을 용서하시려니와
15. 너희가 사람의 과실을 용서하지 아니하면 너희 아버지께서도 너희 과실을 용서하지 아니하시리라

예수님은 기도에 있어서 위선자들처럼 회당과 큰 거리 어귀에 서서 기도하지 말라고 금하셨고 또 중언부언 기도하지도 말라고 두 가지를 금하셨다.

중언부언하는 것(βατταλογήσητε)은 이방인들의 기도 방식이었던 것 같다. 의미 없는 말을 중얼거리는 것을 뜻하는 단어이다. 그들은 말을 많이 해야 신이 들으신다고 생각했던 것 같다. 그런 이방적인 신관으로 하나님을

대하지 말라는 교훈이다. 즉 하나님은 기도의 종교적 열심을 보고서 그 수고에 따른 대가로 응답을 주시는 게 아니다. 기도는 노력으로 즉 오랜 시간 중얼거리며 공을 들이는 종교적 공로로 하나님께 응답받는 게 아니라 기도에 담긴 간절한 진심과 믿음에 따라 하나님께서 받으시는 것이다.

따라서 기도는 오직 하나님만이 들으시도록 은밀하게 기도해야 한다. 이것이 제일 원칙이고 또 하나는 살아 계셔서 내 모든 것을 감찰하고 계시는 하나님께 진심을 담아 인격적인 간구를 드리라는 것이 제이 원칙이다.

구제와 기도에 있어서 은밀성을 강조해 요구하셨다. 이것은 진실로 가장 높으신 하나님을 인격적으로 대하고 나아가는 자세이다. 만일 내가 높은 위치에 있을 때에 누군가 나에게 매우 의미 있는 선물을 하면서 길거리에서 또는 많은 사람이 있는데서 선물 포장을 뜯는 것을 경험한다면 어떻겠는가? 아마도 나는 그가 지금 자기 자신에게 선물을 주고 있다고 느낄 것이다. 거룩의 개념이다. 이것을 모르면 하나님을 거룩히 여기지 않는 것이다.

진실로 하나님을 존경하고 하나님께 나의 진심을 보여 드리길 원한다면 은밀한 가운데 오직 하나님께서만 보시도록 하는 것이 마땅하며 예수님께서는 이를 교훈하신 것이다. 그러면 "은밀한 중에 보시는 네 아버지께서 갚으시리라"는 확언을 주셨다. 아멘!

이어서 예수님은 기도는 이렇게 하라시며 기도의 모범안을 친히 알려주셨다. 마태복음에서는 이 주기도문이 산상수훈에 포함되어 있다. 이에 대한 세부적인 강해는 여기서 진행할 필요가 없다. 이미 탁월한 교사들이 여러 책을 통해 설명해 주었기 때문이다.

다만 핵심을 요약하자면 기도에 있어서 가장 먼저 하나님 아버지의 이름을 떠올려야 하며 그 이름이 거룩히 여김을 받으시기를 구하는 것이 첫 기도여야 한다.

둘째로 아버지의 뜻이 이 땅에 이루어지는 것, 그 뜻이 내 삶으로 연장되어 이루어지는 것이 기도의 두 번째 마디이다. 여기서 벗어나는 소원이 있다면 그건 내 욕심이자 하나님의 관심사에서 빗나간 기도일 것이다. 따라서 올바른 기도는 우리의 인생을 방향 잡아 준다.

기도의 세 번째 마디는 우리의 일용할 양식을 구하는 것이다. 내일을 위해 쌓아 둘 양식을 구하는 것은 여기 해당하지 않는다. 뒤에서 예수님은 우리가 무엇을 먹고 마실지 염려하지 말라고 하시면서 이는 다 이방인들이 구하는 것이라고 말씀하셨다. 그런데 여기서 이를 가르치신 까닭은 염려함으로써 구하는 것이 아니라 이미 아시고 주실 줄 믿으나 인생으로써 그 위치에 합당한 간구를 드리라는 것이다. 이로써 내가 인생일 뿐임을 하나님 앞에 고백하는 것이며 이 겸손한 믿음의 고백을 통해 들으시는 하나님께서 응답 주심으로써 영광받으시기 때문이다.

에스겔서 36장 36-37절에 하나님께서는 당신이 행하실 일을 먼저 말씀하신 후에 "그래도 이스라엘 족속이 이와 같이 자기들에게 이루어주기를 내게 구하여야 할찌라"고 말씀하셨다. 우리의 본분과 자세를 지키는 것이 매우 중요하며 우리의 간구를 통해 하나님께서 영광받으시는 것임을 잊지 말아야 한다.

기도의 네 번째 마디는 용서에 대한 기도이다. 이 용서는 다른 사람에 대한 나의 용서가 전제되는 가운데 하나님의 용서를 구할 수 있다. 회개는 내 안에 다른 사람에 대한 원한과 미움, 분노가 해결되지 않는 상황에서는 이루어질 수 없다. 많은 사람이 자의적인 회개로써 스스로 위안을 삼는 경우가 있는데 회개란 하늘에서 죄 사함이 이루어져야 성사된 것이다. 도무지 풀리지 않는 모욕감과 배신감을 당했을 때에 나는 내가 세상을 떠나는 마지막 순간을 떠올리게 되었다. 만일 지금 내가 임종하는 순간을 맞았다면 나는 그들을 용서하고 하나님의 자비가 그들의 영혼에 임하시기를 마지막으로 빌어 줄 것 같았다. 죽음 앞에서는 미움도 원한도 다 부질없고 다만 미안하고 송구스럽고 또 감사한 마음뿐이다. 도리어 슬픔과 원한을 내 인생 마지막 순간에 남겨 둔 채 세상을 떠나고 싶지 않았다.

짧은 순간의 묵상이었지만 깊은 깨달음을 얻었다. 바울은 그리스도 예수님과 함께 자신이 십자가에 이미 못 박힌 자라고 고백하였다. 그분은 항상 이 마음을 가지고 살아갔을 것이다. 오늘 우리의 용서가 어려운 까닭은 아마도 우리 마음이 이 세상에 속해 있기 때문일지 모른다.

산상수훈은 대전제가 하늘에 속한 사람을 모형으로 하는 제자도이다. 하늘에 속한 사람은 세상에 속하지 않는다. 산상수훈의 제자도는 이중 국적을 허용하지 않는다. 주님은 매 순간 "내 나라는 이 세상에 속한 것이 아니라(요 18:36)"는 생각을 가지고 사셨다. 우리도 주님의 사람들이라면 어떠해야 하겠는가.

기도의 다섯 번째 마디는 마귀(악)로부터 지켜 주시기를 간구하는 것이다. 우리 원수 마귀는 우는 사자같이 항시 우리 주위를 맴돌며 삼킬 기회를 찾기 때문이다(벧전 5:8).

기도의 마지막 마침은 하나님께 대한 찬양이다. 나라와 권세와 영광이 영원히 아버지께 있음을 찬양함으로 마치는 것이다.

3) 참된 금식 (6:16-18)

16. 금식할 때에 너희는 외식하는 자들과 같이 슬픈 기색을 내지 말라 저희는 금식하는 것을 사람에게 보이려고 얼굴을 흉하게 하느니라 내가 진실로 너희에게 이르노니 저희는 자기 상을 이미 받았느니라
17. 너는 금식할 때에 머리에 기름을 바르고 얼굴을 씻으라
18. 이는 금식하는 자로 사람에게 보이지 않고 오직 은밀한 중에 계신 네 아버지께 보이게 하려 함이라 은밀한 중에 보시는 네 아버지께서 갚으시리라

금식에 대한 교훈은 기도에 대한 교훈과 동일하다. 즉 하나님께 대한 은밀성의 원칙을 잊지 않는 것이다.

하나님 앞에 금식하며 자기 절제와 자기 희생의 방식으로 기도를 하는 것은 신명기 사가들의 문헌에 나타나며 이는 예언자들의 전통에 따르는 것으로 보여진다. 이러한 기도의 방식은 포로기 이전에는 나타나지 않는다.

아마도 이스라엘이 큰 슬픔과 재난을 겪으면서 하나님 앞에 금식하며 애통해하고 또는 기도하는 방식을 배운 것 같다. 포로기의 고난을 통해서 하나님을 이해하고 또 하나님 앞에 나아가는 방식에 있어서도 이스라엘의 영적 지평이 많이 확장되었던 것을 알 수 있다.

예수님께서는 이제 이 모든 것을 확인해 주실 뿐만 아니라 그런 경건의 수단을 옳게 행하는 핵심 지침들을 가르쳐 주신 것이다.

6. 제자의 세계관 (6:19-34)

1) 보물을 하늘에 쌓아 두라 (6:19-24)

> 19. 너희를 위하여 보물을 땅에 쌓아 두지 말라 거기는 좀과 동록이 해하며 도적이 구멍을 뚫고 도적질하느니라
> 20. 오직 너희를 위하여 보물을 하늘에 쌓아 두라 거기는 좀이나 동록이 해하지 못하며 도적이 구멍을 뚫지도 못하고 도적질도 못하느니라
> 21. 네 보물 있는 그 곳에는 네 마음도 있느니라
> 22. 눈은 몸의 등불이니 그러므로 네 눈이 성하면 온 몸이 밝을 것이요
> 23. 눈이 나쁘면 온 몸이 어두울 것이니 그러므로 네게 있는 빛이 어두우면 그 어두움이 얼마나 하겠느뇨
> 24. 한 사람이 두 주인을 섬기지 못할 것이니 혹 이를 미워하며 저를 사랑하거나 혹 이를 중히 여기며 저를 경히 여김이라 너희가 하나님과 재물을 겸하여 섬기지 못하느니라

제자의 세계관을 받아들이지 못한다면 이 본문을 소화할 수 없다. 산상수훈이 일관되게 가르치는 것은 제자의 세계관의 중심이 곧 하늘에 있다는 것이다(땅이 아니라).

주님은 우리가 인생을 살면서 귀중한 것들을 모으는 걸 금하지 않으셨다. 제자도는 금욕주의가 아니기 때문이다. 따라서 우리는 우리 인생의 가치를 쌓아 가야 마땅하다. 그런데 그 가치는 현세적인 가치를 넘어서 영원한 곳 즉 "하늘"에 보물을 쌓아 두는 것이어야 한다. 현재의 삶의 행위로써 영원한 하늘에 우리 몫의 보물을 쌓으며 그 나라에 들어갔을 때에 그 보상을 찾을 수 있다는 말씀이다. 다시 말해 우리가 세속의 가치가 아니라 하나님의 가치를 실천하며 살아감으로써 이것이 가능하다는 말씀이다.

보물이 있는 곳에 마음이 있다고 하셨다. 우리가 이런 일을 하고 이런 삶

을 사는 것은 이 실천을 통해 우리의 마음을 하늘에 두는 것이며, 또 이를 증거하는 것이 된다.

이 땅에서 다른 사람들을 위해 선(헤세드)을 베풀고 하나님의 구원 사역을 위해 물질과 삶을 드리는 것이 그것이다.

유대인들은 눈에 대한 교훈을 알고 있다. 이것은 매우 오래된 전통이라 그 기원을 정확히 알 수는 없다. 그런데 예수님의 말씀에서 그 동일한 표현이 등장한다. 즉 좋은 눈(아인 토바)과 나쁜 눈(아인 라아)에 관한 것이다.

이를 잘 이해할 수 있는 비유가 부자와 나사로의 이야기다. 부자는 어찌 보면 자기 삶에 충실했을 뿐이다. 그가 나사로에게 어떤 위해를 가하거나 다른 사람에게 악을 행했다는 묘사는 보이지 않는다. 다만 그는 자기 삶을 충실히 향유하다가 지옥 불에 들어간 것이다.

부자의 문제가 무엇인가? 그는 헤세드를 이행하지 않았다. 즉 이웃을 돌아볼 줄 아는 좋은 눈을 가지지 않았던 것이다. 병들고 가난한 나사로는 그의 집 앞에서 비참하게 죽고 말았다. 성경이 말하는 죄, 성경이 미워하는 악한 눈은 자기 삶의 충실 여부를 넘어 자기 주위의 가난한 사람들과 나그네 고아와 같은 이웃에 대한 무관심과 배려 없는 시각을 가지고 존재하는 것이다. 이것이 눈이 나쁘다 즉 "아인 라아(나쁜 눈)"의 실체인 것이다.

하나님을 섬기는 사람은 마땅히 "좋은 눈(아인 토바)"을 가진 사람, 즉 헤세드의 마음과 실천을 성실히, 기꺼이 행할 줄 아는 사람이어야 한다.

"너희가 하나님과 재물을 겸하여 섬기지 못하느니라(24)"

이 세상에서 현세적인 재물에 대한 욕심을 완전히 버리지 않는다면 어느 정점에서 우리는 하나님을 따르는 길을 거부하고 재물을 움켜쥐게 될지 모른다. 한 사람이 두 주인을 섬기지 못할 것이라고 주님은 말씀하셨는데 하나님의 대척점에 있는 것이 재물이라고 분명히 말씀하셨다.

헤세드를 실천하는 것이 곧 '하나님의 의(쩨데크)'이다. 이 마음을 가지고 있는 사람이 곧 하나님의 마음을 가진 사람인 것이다.

그러므로 눈이 성하면 온 몸이 밝은 것이요(22) 반대로 눈이 나쁘면 온 몸이 어두울 것(23)이란 말씀은 정확히 우리의 세계관, 우리의 마음이 어떤 눈을 가졌는지에 따라서 우리의 삶 전체가 빛으로 밝은 삶을 살게 되던가 아니면 욕망으로 어두운 삶의 길을 가게 될 것이란 말씀이다.

"눈"은 우리의 세계관, 인생관을 의미하는 메타포로써 참 정확한 언어이다.

2) 염려와 믿음 (6:25-34)

25. 그러므로 내가 너희에게 이르노니 목숨을 위하여 무엇을 먹을까 무엇을 마실까 몸을 위하여 무엇을 입을까 염려하지 말라 목숨이 음식보다 중하지 아니하며 몸이 의복보다 중하지 아니하냐
26. 공중의 새를 보라 심지도 않고 거두지도 않고 창고에 모아 들이지도 아니하되 너희 천부께서 기르시나니 너희는 이것들보다 귀하지 아니하냐
27. 너희 중에 누가 염려함으로 그 키를 한 자나 더할 수 있느냐
28. 또 너희가 어찌 의복을 위하여 염려하느냐 들의 백합화가 어떻게 자라는가 생각하여 보라 수고도 아니하고 길쌈도 아니하느니라
29. 그러나 내가 너희에게 말하노니 솔로몬의 모든 영광으로도 입은 것이 이 꽃 하나만 같지 못하였느니라
30. 오늘 있다가 내일 아궁이에 던지우는 들풀도 하나님이 이렇게 입히시거든 하물며 너희일까보냐 믿음이 적은 자들아
31. 그러므로 염려하여 이르기를 무엇을 먹을까 무엇을 마실까 무엇을 입을까 하지 말라
32. 이는 다 이방인들이 구하는 것이라 너희 천부께서 이 모든 것이 너희에게 있어야 할 줄을 아시느니라
33. 너희는 먼저 그의 나라와 그의 의를 구하라 그리하면 이 모든 것을 너희에게 더하시리라
34. 그러므로 내일 일을 위하여 염려하지 말라 내일 일은 내일 염려할 것이요 한 날 괴로움은 그날에 족하니라

이어서 예수님은 좋은 눈(아인 토바)을 가지고 매 순간 그 길을 선택하며 살게 될 때에 우리 안에 찾아올 수 있는 염려의 문제에 대해 교훈을 더해 주셨다. 특별히 부유한 수익을 얻는 사람이 아니라면 내 것을 가지고 다른 가난한 이웃에게 나누고자 할 때에 우리 삶의 여분은 줄어들게 되고 심지어 당장 내일 쓸 것이 부족하게 될 수도 있다.

예수님은 우리에게 염려하지 말고 믿음으로 살라고 말씀하신다. 전능하신 하나님께서 우리의 삶 일거수일투족을 항시 감찰하고 계시므로 염려하지 말라고 말씀하신다.

또는 우리가 그 헤세드의 대상이 될 수도 있다. 나는 힘없고 넉넉지 않는 사람들에게 도움과 은혜를 얻어서 힘든 시절을 지내 온 적이 있다. 그 시절에 하나님께서는 항상 부족한 중에도 필요한 모든 것들을 채워 주셨고 아이들은 건강하게 성장해 나갔다. 들의 풀과 같고 공중의 새같이 정처 없던 인생에게 과연 하나님께서는 먹을 것을 주시고 입혀 주셨다.

사랑의 실천은 우리 서로를 지켜 주는 하나님의 손길이고 이것은 하늘에 우리 몫의 보물로 저장되는 것이라고 주님은 가르치셨다. 이 믿음 가운데 살아 계신 하나님의 손길은 보이지 않는 가운데 우리의 인생을 공급하시고 보호해 주신다.

여기서 중요한 세계관이 또다시 나타나는데 이방인의 기도와 제자의 기도이다. 이방인의 기도는 세상에서 먹고 마시고 입는 문제에 치중되어 있다. 그러나 제자들은 똑같이 고단한 세상살이에 치이고 있으나 기도의 가장 큰 관심사는 하나님의 나라와 하나님의 의에 있다.

"마라나타" 주의 나라가 속히 임하시고, 또 이 땅에 하나님 말씀의 부흥이 임하시기를 애통해하며 간구하는 것이다. 나는 무엇 때문에 마음 상해 있고 무엇으로 인해 기뻐하는가? 자문해 볼 필요가 있다. 의인의 마음은 이 땅에 의(쩨데크)와 공의(미쉬파트)가 무너져 있는 것에 상하고 있으며, 의인의 간구는 하나님의 통치(나라)가 임하시기를 애통해한다. 이것이 과거 선지자들의 공통된 모습이었음을 성경에서 발견할 수 있다.

주님은 제자들에게 이와 동일한 세계관과 관심을 요구하신다.

"너희는 먼저 그의 나라와 그의 의를 구하라 그리하면 이 모든 것을 너희에게 더하시리라(33)"

이 마음, 이 뜻을 품고 살아가는 자가 주님이 원하시는 제자의 모습이다.

7. 제자의 길 (7:1-14)

1) 비판하지 말라 (7:1-5)

1. 비판을 받지 아니하려거든 비판하지 말라
2. 너희의 비판하는 그 비판으로 너희가 비판을 받을 것이요 너희의 헤아리는 그 헤아림으로 너희가 헤아림을 받을 것이니라
3. 어찌하여 형제의 눈속에 있는 티는 보고 네 눈속에 있는 들보는 깨닫지 못하느냐
4. 보라 네 눈속에 들보가 있는데 어찌하여 형제에게 말하기를 나로 네 눈속에 있는 티를 빼게 하라 하겠느냐
5. 외식하는 자여 먼저 네 눈속에서 들보를 빼어라 그 후에야 밝히 보고 형제의 눈속에서 티를 빼리라

주님의 제자는 하나님 앞에서 반드시 지켜야 할 선을 넘지 않도록 주의해야 한다. "이에서 지나는 것은 악으로 좇아 나느니라(마 5:37)" 앞서 말씀하신 바 있다. 어떤 사람이 선하다 악하다 하는 판단은 오직 하나님께만 있다. 인류가 선악과를 따 먹고 나서는 선과 악을 스스로 판단하려고 하는 욕구를 지니게 되었으며 다른 사람을 비판하고 정죄하려는 속성을 지니고 있다.

그러나 이는 하나님 앞에 선을 넘는 태도이며 악으로부터 즉 마귀적 속성으로부터 나는 것이라는 말씀이다. 사람을 정죄하고 판단하시는 분은 오직 하나님 한 분뿐이시며 하나님만이 유일한 재판장이시라는 것이 성경의 교훈이다. 우리는 스스로 재판관이 되어서 마음과 입으로 다른 사람을 비판하는 죄를 범치 않도록 주의해야 한다.

우리는 진리의 말씀에 입각해서 어떤 일의 옳고 그름을 명확히 분별해야 한다. 그리고 이를 통해 우리 자신을 돌아보아 자아 성찰에 힘써야 한다.

만일 우리가 다른 사람의 행위를 보고 비판한다면 동일한 실수와 죄를 범한 우리 자신이 그 동일판 비판과 정죄의 올무에 빠져 버릴 것이다. 하나님 앞에 우리의 정당성을 인정받을 수 없고, 무엇보다 남을 비판한 우리가 동일한 과실을 가지고 있는 주제에 하나님께 은총을 기대할 수 없게 될 것이기 때문이다. 이는 하나님과의 영적 관계에 크게 장애를 놓게 되는 결과를 낳는다.

따라서 우리는 분별력을 사용하여 우리 자신을 돌아보아 자기 들보를 빼고 자신을 먼저 하나님 앞에 온전케 고침받아 나가기를 먼저 힘써야 한다. 그 이후에 하나님께서 사명을 주신다면 비로소 다른 사람들의 눈에 티를 빼는 일을 도울 수 있을 것이다.

2) 진리를 낭비하지 말 것 (7:6)

> 6. 거룩한 것을 개에게 주지 말며 너희 진주를 돼지 앞에 던지지 말라 저희가 그것을 발로 밟고 돌이켜 너희를 찢어 상할까 염려하라

우리가 가지고 있는 복음과 진리의 교훈들은 매우 존귀하고 신성하다. 온 세상 모든 사람에게 천국의 복음을 전파하는 것이 우리의 사명이다.

바울의 에베소 사역을 살펴보면 사도는 먼저 공개적으로 복음을 전파하였고 그 후에 이 도를 더 깊이 알고자 들어오는 사람들을 따로 데리고 가서 두란노 서원에서 가르쳤다. 무엇보다 성령의 사역은 대부분 신성한 자리에서 행하여졌다.

자칫 우리의 사역이 하나님의 거룩하신 성령을 가볍게, 쉽게 심지어 함부로 대하려는 실수를 범치 않도록 주의해야 한다. 선교적 사명감 하나만 생각하고 진리를 가볍게 취급하지 말아야 한다. 하나님의 거룩한 이름이 개 같은 자들과 돼지 같은 자들에게 모독을 당하고 불필요한 공격을 당하도록 해서는 안 되기 때문이다. 오늘날 복음이 너무나 값싸게 전파되고 온전치 못한 성령 사역이 도리어 성령님의 거룩하신 영광을 훼손하는 사례들을 많이 보았다.

예배는 거룩하고, 기도도 거룩하며 하나님은 거룩하시다. 앞에서 예수님은 기도나 구제, 금식과 같은 거룩한 행위들을 사람들 앞에서 행하지 말고 은밀한 중에 보시는 하나님께서만 보시도록 하라고 은밀성을 반복해 강조하셨다. 하나님은 거룩하시기 때문이다. 거룩한 속성이 있는 것들을 공개적으로 행하는 것은 더할 수 없는 모독이 될 수 있다. 심지어 이스라엘 사람들은 오늘날까지도 하나님의 이름조차 함부로 입에 담지 않고 대체 호칭("아도나이" 또는 "하셈")으로 하나님의 이름을 대신하고 있다.

따라서 우리의 제자도의 가르침과 영적인 깊은 교훈과 체험들은 듣고 따를 만한 가치가 있는 사람들에게 소중하게 가르쳐지고 공유되어야 한다. 우리가 무엇 때문에 듣고 따를 준비도 되어 있지 않은 자들에게 믿음의 비밀들을 다 알려 줘야 한단 말인가?

3) 황금률 (7:7-12)

7. 구하라 그러면 너희에게 주실 것이요 찾으라 그러면 찾을 것이요 문을 두드리라 그러면 너희에게 열릴 것이니
8. 구하는 이마다 얻을 것이요 찾는 이가 찾을 것이요 두드리는 이에게 열릴 것이니라
9. 너희 중에 누가 아들이 떡을 달라 하면 돌을 주며
10. 생선을 달라 하면 뱀을 줄 사람이 있겠느냐
11. 너희가 악한 자라도 좋은 것으로 자식에게 줄줄 알거든 하물며 하늘에 계신 너희 아버지께서 구하는 자에게 좋은 것으로 주시지 않겠느냐
12. 그러므로 무엇이든지 남에게 대접을 받고자 하는대로 너희도 남을 대접하라 이것이 율법이요 선지자니라

기도의 능력은 열심 있고 뜨겁게 기도하는 것에 달렸다고 젊어서는 배웠고 그렇게 생각했다. 그러나 오랜 신앙의 경험과 목회의 경륜을 통해서 기도의 능력은 내 자신이 하나님과 다른 사람을 어떻게 대하는가에 달려 있다는 사실을 깨닫는다. 기도에 대한 응답은 이미 위 본문과 같이 선언되었고 약속된 말씀 안에 있다.

주님의 말씀을 자기 필요를 중심으로 뜯어서 읽고 적용하는 것은 매우 부적절하고 많은 부작용을 낳아 왔다. 너도 나도 욕심이 가득한 채 이 말씀을 붙들고 구하고 찾고 두드리며 부르짖었다.

응답 같은 게 온다고 그것들이 다 하나님께로부터 온 것은 아니라는 점에 주의해야 한다. "빛의 열매는 모든 착함과 의로움과 진실함에 있느니라(엡 5:9)" 말씀하고 있다. 부도덕과 탐욕 가운데 역사하는 영은 마귀이다.

하나님은 이미 당신의 사랑하시는 자녀를 위해 그리스도와 함께 모든 것을 주고자 준비되어 있으시다. 그러므로 응답은 주시는 분의 문제가 아니라

구하는 자가 받을 준비가 얼마나 되어 있는지를 점검해 보아야 한다.

하나님은 인색한 자에게 좋은 은혜를 주실 수 없으시다. 또 하나님은 다른 사람에게 불의를 행하는 자에게 의로운 선물을 주시길 꺼려 하신다. 심지어 직접적으로 하나님께 범죄 하거나 죄를 숨기고 있는 자에게 은혜의 선물을 주실 수는 없으시다.

나는 이런 사람들이 응답 같은 걸 받고 일이 잘 이루어지는 걸 본 적이 있다. 그러나 시간이 지난 뒤 그것이 하나님의 응답이었는지 여부는 미궁 속으로 사라져 버렸고 그는 더 큰 곤란한 상황으로 빠져 버렸다.

잘된다고 다 하나님의 응답일까? 더 높은 곳으로 가고 더 많은 것을 얻게 되면 다 하나님의 응답일까? 점점 더 많은 부를 얻게 되어 곳간을 확장하던 부자는 지옥에 들어갔다. 한 번 들은 말씀은 뒤로 하고 다시스로 가고자 떠난 발걸음에 모든 일이 딱딱 맞게 들어가 배에 오른 요나는 바다 위에서 재앙의 풍랑을 만나게 되었고 많은 사람에게 폐를 끼치고 바다에 던져졌다.

"빛의 열매는 모든 착함과 의로움과 진실함에 있느니라"

12절에 "그러므로"라고 덧붙인 말씀은 7절의 "구하라 주실 것이요"라고 시작한 모든 기도와 응답에 관한 교훈들의 Key Words이다. 마치 키를 꽂고 돌려야 엔진이 돌아가기 시작하는 자동차와 같다.

즉 이 모든 것이 유효하게 되려면 기도 자체가 아닌 그 이전의 이 황금률을 가져야 한다는 말씀이다. 이것이 토라요, 이것이 예언서들의 핵심 메시지라는 중요한 말씀을 덧붙이셨다. 나는 한참의 시간이 흐른 뒤에 비로소 이 말씀을 이해하게 되었다. 모두 이 단순한 진리로부터 벗어나 있었다. 저주는 거기서부터 시작되는 것이다.

이사야 58장 6절에 하나님은 "나의 기뻐하는 금식은 흉악의 결박을 풀어주며 멍에의 줄을 끌러주며 압제당하는 자를 자유케 하며 모든 멍에는 꺾는 것이 아니겠느냐"고 말씀하셨다. 이는 이사야 58장에 이스라엘과 하나님의 쟁론 가운데 나온 말씀이다. 저들은 마치 하나님을 가까이하는 것같이 하며 종교적 열심을 보이며 항의하기를 "우리가 금식하되 주께서 보지 아니하심은 어찜이오며 우리가 마음을 괴롭게 하되 주께서 알아주지 아니하심은 어찜이니까(사 58:3)" 한다는 것이다.

이에 대한 하나님의 대답은 "너희가 금식하는 날에 오락을 찾아 얻으며 온갖 일을 시키는도다. 보라 너희가 금식하면서 다투며 싸우며 악한 주먹으로 치는도다 너희의 오늘 금식하는 것은 너희 목소리로 상달케 하려는 것이 아니라(사 58:3,4)" 하는 책망이었다.

금식을 올바르게 한다면 하나님이 기뻐하신다. 이는 하나님께 특별한 간구를 드리기 위하여 특별히 관심을 가지고 자신의 주변을 돌아보아 이 황금률[19]을 벗어난 과오는 없는지 살피고 이웃과의 관계에서 매인 것들을 모두 풀고 행실을 바르게 하고 하나님 앞에 나오는 것이 될 것이기 때문이다. 이것이 이사야 58장 6절의 말씀이다. 기도를 위해서 이렇게 착해진다면 당연히 하나님께서 기뻐하시고 응답하시지 않겠는가.

이것을 저버리고 단지 하나님께 요구 사항을 응답받기 위해서 기도하고 구하는 것이라면 동일한 하나님의 음성이 들려올것이다.

"너희가 오늘 금식하는 것은 너희 목소리로 상달케 하려는 것이 아니다."

따라서 산상수훈 본문으로 돌아가 본문을 다시 살펴보자.

"구하라"로 시작된 예수님의 기도 응답에 대한 모든 교훈과 약속들은 12

---

19. 황금률이란 말은 로마 황제인 알렉산더 세베루스(222-235)에서 유래한 것으로 그는 비신자였으나 이 교훈에 영감을 받아 자신의 방 벽에 황금으로 이 구절을 새겼다고 한다.

절에 가서 최종 결론을 마주한다. "그러므로" 이 교훈에 집중하라는 것이다. 이 문단에서 가장 중요한 핵심 교훈은 바로 12절 말씀이다. 그러면 구하고 찾고 두드리기만 하면 하나님께서 얼마든지 좋은 것으로 응답해 주실 것이라는 말씀이다.

> "그러므로 무엇이든지 남에게 대접을 받고자 하는 대로 너희도 남을 대접하라 이것이 율법이요 이것이 선지자니라"[20]

그동안 교회들이 기도의 목적 성취에 너무 집중해 온 경향이 있다. 기도라는 것을 응답받기 위한 수단이라는 그릇된 개념을 가르쳐 왔다. 누구를 위한 기도인가? 자기를 위한, 자기 중심적인 종교는 아닌지 돌아보자. 이는 이방인들의 기도 개념이고 기복적인 신학이다.

기도는 가치의 회복이다. 그리고 하나님 나라의 가치 실현을 위해 필요한 모든 것을 구하는 것이다. 나를 위해 기도하는 것은 이방인의 기도이다. 그분의 나라와 그분의 의가 먼저이다. 나(Ego)라는 것은 그 가치에 종속되어 있다. 이것이 제자도의 세계관이고 관심사이다.

이처럼 7장 12절의 황금률은 산상수훈의 제자도에 대한 담론을 마무리하는 중요한 말씀이다.

이어지는 13절부터 마지막 절까지의 말씀은 이 제자도를 따라 참된 실천으로 사는 자와 반면에 이를 도외시하고 살아가는 소위 '자기가 주장하는

---

20. 참고로 예수님 시대의 양대 랍비 중 하나인 힐렐은 "네 이웃에게 네가 싫어하는 것을 하지 말라. 이것이 토라 전체이고 나머지는 해설이다."라고 교훈했다고 전해진다. (NICOT, *Matthew*, p. 283.) 예수님은 이와 반대로 긍정적인 관점에서 동일한 방식으로 율법의 핵심 정신을 말씀하셨다.

신앙의 삶'이라는 것의 실체를 수사적으로 드러내시면서 경고와 격려를 동시에 주셨다. 매우 심각하고 결정적인 결과를 맞이하게 될 것이다. 그것은 멸망(13절), 잘라 내고 불태우는 것(19절), 천국에서 쫓겨남(21,23절), 집이 완전히 무너짐(27절)의 4 가지 이야기이다.

4) 제자의 길 – 구원의 길 (7:13-14)

13. 좁은 문으로 들어가라 멸망으로 인도하는 문은 크고 그 길이 넓어 그리로 들어가는 자가 많고
14. 생명으로 인도하는 문은 좁고 길이 협착하여 찾는 이가 적음이니라

예수님은 천국 제자의 길은 외로운 길임을 이미 말씀하셨으며 주님의 말씀은 영원히 진리이다. 생명으로 인도하는 문과 그 길은 찾는 이가 적다고 말씀하셨다.

부흥 시대에 순간적으로 많은 사람들의 각성이 일어나 이 길에 동참하는 이들이 늘어나는 현상은 있으나 그럼에도 불구하고 대다수는 제자의 길을 끝까지 따라가지 않는 듯하다.

사람들은 "오직 믿음"을 좋아하고 그 구호 아래 붙어서 간편하게 단순하게 천국 가기를 바라며 많은 사람이 일반적으로 가는 길을 따라가길 원한다. 바로 그들이 좋아하는 말, 즉 "믿음"이란 개념의 정의를 찾고 규명하기를 싫어한다. 그래서 사람들이 입에 담는 소위 "믿음"이라는 것의 의미는 사실상 자기 편의대로 이해한 정의가 대부분임을 알 수 있다.

그러나 사도들의 교훈과 성경에 나타난 예수님의 말씀들을 면밀히 살펴보면 "믿음"이 의미하는 바를 정확히 규명할 수 있다. 처음에 종교 개혁자들이 "오직 믿음으로"라고 외친 의미는 이러한 개념을 바탕으로 "오직 믿음"을 주창하지 않았을까 싶다. 그러나 세월이 흐르면서 초창기 지도자들의 사상은 흐려지고 사람들은 대부분 편의에 따라 "믿음"을 정의해 나갔다.

시간이 흐를수록 사람들의 순수성은 흐려지고 자기 실존에서 자기 관념을 분리하는 법을 터득해 갔다. 그러나 성서 시대의 사도들과 제자들은 헬레니즘적이지 않았고 철저하게 히브리적이었다. 초대 교회의 성향 역시 그

러했을 것이다. 비록 이방인들의 교회가 늘어 갔지만 그들의 스승들과 그들이 읽고 배우는 성경은 철저히 히브리인 교사들의 것이었기 때문이다.

　종교의 변질과 타락은 로마의 제국 교회화 되어 가면서 본격적으로 진행된 것을 알 수 있다.

　다시 앞으로 돌아가서 천국의 제자는 본질을 찾고, 참된 가치들을 규명해 가며 주님께서 위에서 부르시며, 앞선 사도들과 선진들이 걸어간 참믿음의 길을 따라가는 자들이다.

　누가복음 13장 23절에 보면 예수님께서 각 성과 각 촌으로 다니시며 전도하시던 중에 문득 누군가 예수님께 질문을 던진다.

　"주여 구원을 얻는 자가 적으니이까?"

　그러자 예수님께서 같이 있던 이들에게 이르시기를 "좁은 문으로 들어가기를 힘쓰라. 내가 너희에게 이르노니 들어가기를 구하여도 못하는 자가 많으리라"는 말씀으로 질문보다 더 구체적인 대답을 하셨다.

　바로 산상수훈에 말씀하신 것과 동일한 메타포로 "좁은 문"으로 들어가기를 힘쓰라고 말씀하신 것이다. 힘써야 유지할 수 있고 힘써야 들어갈 수도 있다는 말씀이다. 구원이 쉬운가? 예수님의 말씀은 쉽지 않은 것처럼 들린다. 구원은 방법이 단순한 것이지 그것을 실제로 실천하기에는 헌신과 노력이 따른다. 왜냐하면 세상을 향한 우리의 욕망은 제자도를 원치 않기 때문이다. 실상 세상을 버리지 않은 자는 이 길을 갈 수 없다. 주님은 "날마다 자기를 부인하는 자라야" 제자의 길을 갈 수 있다고 말씀하셨다.

　누구든지 예수를 믿고 영접하기만 하면 구원 얻는다, 인간이 감당할 수 없는 대속의 큰일은 예수 그리스도께서 다 이루셨기 때문이다. 아주 단순하다. 요한복음 1장 12절; 3장 16절의 구원의 복음은 매우 쉽고 단순한 길을 우리에게 선포하고 있다.

우리가 우리 자신을 버리고 세상을 버리면 아주 쉽고 단순한 것이 제자의 삶이요 구원의 길이다.

그러나 한 부자 청년에게는 주님이 알려 주신 그 단순한 영생의 길이 매우 큰 고민거리로 다가왔으며 고심 끝에 그는 주님을 떠나 물러가 버렸다. 그는 영생을 쉽게 얻기 원했던 것이고 그는 자기가 가진 세상의 모든 것들 위에 영생을 추가하고 싶었던 것이 아니었던가.

믿음으로 말미암는 구원의 신학에 대해서 갈라디아서는 명확하게 변론하고 있다. 율법의 행위로가 아니라 믿음으로써 구원을 얻는 것이다. 로마서 에베소서에도 동일한 구원 신학이 강조되고 있다.

그러면 야고보서는 구원론에 대해 뭐라 말씀하는가?

> 이와 같이 행함이 없는 믿음은 그 자체가 죽은 것이라 (약 2:17)
>
> 네가 보거니와 믿음이 그 행함과 함께 일하고 행함으로 믿음이 온전케 되었느니라 (약 2:22)
>
> 이로 보건대 사람이 행함으로 의롭다하심을 받고 믿음으로만 아니니라 (약 2:24)
>
> 영혼 없는 몸이 죽은 것같이 행함이 없는 믿음은 죽은 것이니라 (약 2:26)

종교 개혁자인 마틴 루터는 야고보서를 지푸라기와 같다고 말했다. 나는 이런 면에서 종교 개혁자들이 로마 가톨릭의 오랜 암흑을 깨고 성경의 복음 진리를 회복한 것에 큰 가치를 두나 그렇다고 그들 시대에 성경에 대한 모든 이해가 완성되었다고는 인정하지 못한다. 위대한 서문을 열었다고 해서 그들이 깨닫고 주장한 교훈들이 모두 옳았다거나 전부였다고 볼 수는 없기 때문이다. 그로부터 두 세기가 지나 요한 웨슬레에 의해 새로운 종합이 이루어졌다. 각설하고.

갈라디아서 등의 이신칭의 구원론과 야고보서의 메시지는 상충하는 것이 아니다. 구원은 율법의 행위에 의해서가 아니라 오직 믿음에 의해서 얻어진다. 야고보서는 이에 따라 당시 헬레니즘 세계에서 교회 안에 만연해 있던 '믿음에 대한 헬레니즘적인 궤변'을 혁파하기 위하여 온전한 "믿음"의 개념을 변론한 것이다. 이미 초대 교회 현장에서 실존과 분리된 관념적인 내지는 종교적인 믿음 개념이 유행하기 시작했던 것으로 보이는 대목이다.

즉 야고보가 강조한 믿음의 행위는 갈라디아서나 로마서 등에 나타나는 "율법의 행위"라는 것과 혼동해서는 안 된다. 율법의 행위에 의해 구원받는 것이 아니지만 그렇다고 올바른 행위의 가치와 중요성을 "율법"과 함께 삭제해 버려선 절대로 안 된다.

믿음에 합당한 행실의 중요성은 그 믿음의 생명 여부가 판가름될 만큼 중요하고 절대적인 요소이기 때문이다. 야고보는 예수님의 형제이자 초대 예루살렘 교회의 수장이었다.

앞서 누가복음 13장에 **구원 얻는 이가 적으니이까** 물었던 제자에 대한 예수님의 답변을 다시 생각해 보면 산상수훈에 좁은 문으로 들어가라 하신 예수님의 말씀을 이해할 수 있다. 이 문이 생명으로 인도하는 문이라고 말씀한 사실에 주목해야 한다. 구원은 그 길의 끝에 있다는 메시지가 예수님의 은유에 내재되어 있다는 점을 간과하지 않아야 한다.

산상수훈은 천국을 지속해서 지향하고 있으며 예수님께서 친히 가르치신 종합적인 구원론이라고도 할 수 있다.

8. 참된 구원론 (7:15-27)

1) 진짜와 가짜 (7:15-20)

15. 거짓 선지자들을 삼가라 양의 옷을 입고 너희에게 나아오나 속에는 노략질하는 이리라
16. 그의 열매로 그들을 알찌니 가시나무에서 포도를, 또는 엉겅퀴에서 무화과를 따겠느냐
17. 이와 같이 좋은 나무마다 아름다운 열매를 맺고 못된 나무가 나쁜 열매를 맺나니
18. 좋은 나무가 나쁜 열매를 맺을 수 없고 못된 나무가 아름다운 열매를 맺을 수 없느니라
19. 아름다운 열매를 맺지 아니하는 나무마다 찍혀 불에 던지우느니라
20. 이러므로 그의 열매로 그들을 알리라

하나님의 이름으로 하나님께 받은 메시지를 전하는 자들을 선지자라 폭넓게 이해한다면 15절의 "거짓 선지자"는 교회 안팎의 말씀의 사역자들 특히 목사들에게 적용할 수 있다. 무엇으로 가짜와 진짜를 구별할 수 있는가? 예수님은 그들의 외적인 자격 등에 관심을 두지 않으신다.

선지자의 자격은 외적인 것이 아니라 내적인 하나님과의 교통, 하나님의 명령, 하나님이 주시는 영감으로 인해 시작되는 것이기 때문이다. 다만 제 삼자인 우리는 주의 일군이라 일컫는 자들을 분별할 방법이 없다는 것이 문제이다.

여기서 예수님은 열매가 본질을 규명한다고 말씀하셨다. 일반적으로 나무가 열매를 결정한다. 그러나 분별에 있어서는 반대이다. 그가 맺는 열매가 그(나무)의 실체를 증명한다는 말씀에 유의해야 한다.

이 열매는 영적인 열매이며 인격적인 열매이다. 또 행위로 나타나는 열매

이다. 못된 나무는 아름다운 열매를 맺을 수 없고 좋은 나무만이 좋은 열매를 맺기 때문이라는 예수님의 은유는 명확한 이해를 가져다준다.

오늘 우리가 좋은 목사인지 아니면 거짓 선지자 같은 존재인지는 우리의 사역과 삶을 통해 맺어온 열매(영적인 열매, 인격적인 열매)로 분별할 수 있다. 이것은 성도들, 즉 모든 제자들에게까지 확대해서 적용될 수 있는 영적 원리이다.

여기서 심각한 점은 19절에 하신 말씀이다.

"아름다운 열매를 맺지 아니하는 나무마다 찍혀 불에 던지우느니라"고 말씀하셨기 때문이다. 아름다운 열매를 맺지 않는 점은 단순히 책망이나 불이익을 당하는 수준이 아니다. 구원 문제에 있어서 그의 근본을 부정당하게 된다는 것이다.

찍혀 불에 던지운다는 말씀은 지옥 불에 던져질 것이라는 심판의 경고를 의미한다. 우리는 산상수훈에서 일관되이 나타나고 있는 구원론에 대한 중요한 메시지를 발견할 수 있다. 이러한 관점과 동일한 차원에서 사도 바울이 로마서에서 이렇게 말씀한 것을 기억할 필요가 있다.

> 대저 표면적 유대인이 유대인이 아니요 표면적 육신의 할례가 할례가 아니라 오직 이면적 유대인이 유대인이며 할례는 마음에 할찌니 신령에 있고 의문에 있지 아니한 것이라 그 칭찬이 사람에게서가 아니요 다만 하나님에게서니라 (롬 2:28-29)

성경은, 다시 말해 **천국은 형식적 기준으로 판단을 하지 아니하고 실체적 기준으로 판단하고 있는 것이다.** 이것이 성경과 신앙을 이해하는 매우 중요한 관점이다. 이는 성경 전체에서 완전히 일관되이 흐르고 있다.

도리어 당시의 유대인 지도자들이 표면적 사고를 가지고 종교를 표방하고 이중적인 삶의 모습을 보였기 때문에 예수님은 그들을 "**외식하는 자들**"이요 "**회칠한 무덤**"과 같다고 책망하신 것이다. 이 중요한 사유를 이해하고 받아들일 때에 성경의 교훈들을 하나하나 정확히 이해해 나갈 수 있다.

2) 하나님 나라에 들어가는 기준 (7:21-23)

21. 나더러 주여 주여 하는 자마다 천국에 다 들어갈 것이 아니요 다만 하늘에 계신 내 아버지의 뜻대로 행하는 자라야 들어가리라
22. 그 날에 많은 사람이 나더러 이르되 주여 주여 우리가 주의 이름으로 선지자 노릇하며 주의 이름으로 귀신을 쫓아 내며 주의 이름으로 많은 권능을 행치 아니하였나이까 하리니
23. 그때에 내가 저희에게 밝히 말하되 내가 너희를 도무지 알지 못하니 불법을 행하는 자들아 내게서 떠나가라 하리라

앞의 본문에서 이어지는 예수님의 말씀으로 이제 산상수훈은 클라이맥스로 들어선다. 각 개인이 맞닥뜨리게 될 적나라한 종말론이다.

여기서 언급된 사람들은 종말에 큰 파멸에 직면하게 된다. 우리는 누구나 인생의 종말을 맞이하게 된다. 아직 종말의 날이 이르기 전이라 해도 말이다. 그때 우리는 주님 앞에 자기 자신으로 서게 되는데 나 자신은 어디로 가게 될까?

여기 이 사람들은 생전에 주의 이름으로 대단히 탁월한 사역까지 행하였던 사역자들로 보인다. 예수님이 이러한 일군들을 예시로 보여 주시는 것은 그 이하 모든 교인들을 포함한다는 의미이다. 이 법칙은 누구에게나 동일한 최종 판단의 원리이기 때문이다.

누구든지 주의 이름을 부르는 자는 구원을 얻으리라고 말씀하였다. 그러나 다는 아니라고 주님은 말씀하신다. 주의 이름을 부르되 그 고백에 합당하게 하나님의 뜻대로 살아온 자들이 천국에 들어가게 되리라는 말씀이다.

나머지는 앞의 본문에 말씀한 것과 같이 가짜들이다. 예수님의 이 말씀은 우리의 구원론을 심각하게 되돌아보게 한다. 복음이 문제가 있었던 게 아니라 세속 세계에 있는 교회들 안에서 복음이 올바르게 가르쳐지지 않고 편의

를 따라, 청중의 니즈에 맞춰서 변질되어 가르쳐져 왔기 때문이다.

따라서 예수님이 갑자기 생경한 말씀을 하시는 게 아니라 우리가 나태한 개념으로 쉽고 편한 믿음으로 천국에 가기를 원해 왔던 것이다. 주님은 처음부터 진실을 말씀해 오셨다. 오늘 교회에서 고귀한 구원의 복음이 얼마나 값싸게 나뒹굴고 있는지 모른다. 저마다 예수 이름을 불러 가며 자기는 예수를 믿었으니 구원을 받을 것이라는 막연한 기대를 가지고 있다.

나는 실제로 죽음의 문턱을 넘어섰다가 돌아온 친구들을 몇 분 알고 있다. 그리고 그들이 그 체험을 통해 전한 말은 모두 동일한 경고였다. 나 또한 간접적인 체험들을 가지고 있다.

본문에 나오는 사람들이 살면서 행했던 모든 탁월한 사역들, 심지어 예수의 이름으로 일으켰던 능력의 역사들마저 그들을 천국으로 인도하지 못했다.[21] 심지어 그들이 스스로 고백한 고백적 신앙의 실체를 부인당하는 비참한 장면을 마주한다.

그리고 그들은 주님의 대답에 직면한다. "불법을 행하는 자들아"

그들은 주님이 보시기엔 불법을 행하는 자들에 불과했다. 교회들은 그들을 탁월한 주의 사역자들로 알았을 터이지만 보이지 않는 곳에서 그들의 최후는 한없이 초라하다. "내게서 떠나가라" 그들이 갈 곳은 어디일지 우리는 예상하고 있다. 예수님의 많은 설교들에서 이러한 자들이 버림받아 가게 될 곳을 말씀하셨기 때문이다.

관건은 우리 각자가 "하늘에 계신 내 아버지의 뜻대로 행하는 자라야" 한다. 이를 위해 예수님을 영접한 것이 아니었는가? 이렇지 못했기 때문에 회개하고 예수 십자가를 바라본 것이 아닌가?

예수님의 죽으심과 부활로 말미암아 성령을 주신 것은 이제 후로는 아버

---

21. 매튜헨리, *매튜헨리주석*, 마태복음, 원광연 역, (서울: 크리스챤다이제스트, 2022), p. 251.

지의 뜻을 따라 살 능력을 주시기 위함이었다.

하나님 아버지의 뜻은 성경에 나타나 있는 하나님의 가치들이다. 이 다섯 가지 핵심 가치는 하나님의 본질이며 율법의 기초를 이루고 있는 하나님의 형상이다. 구약의 이스라엘 백성들에겐 시내산 언약을 통해 이 가치를 실천해 나갈 수 있도록 이에 기반한 종교와 생활 규범으로써 율법을 주신 것이다.

믿는 자들의 수가 적은데 그 믿는 자들 중에서도 "많은 사람이 (22절)" 이 낭패를 당하게 될 것이기에 주님은 미리부터 경고하고 계신 것이다. 따라서 우리는 참신자요 참된 사역자로서 천국에 인정되기를 힘써야 할 것이다.

3) 어리석은 사람과 지혜로운 사람 (7:24-27)

24. 그러므로 누구든지 나의 이 말을 듣고 행하는 자는 그 집을 반석 위에 지은 지혜로운 사람 같으리니
25. 비가 내리고 창수가 나고 바람이 불어 그 집에 부딪히되 무너지지 아니하나니 이는 주초를 반석 위에 놓은 연고요
26. 나의 이 말을 듣고 행치 아니하는 자는 그 집을 모래 위에 지은 어리석은 사람 같으리니
27. 비가 내리고 창수가 나고 바람이 불어 그 집에 부딪히매 무너져 그 무너짐이 심하니라

이어지는 비유는 마지막 결론이다. 이스라엘을 탐방해 보면 누구나 볼 수 있듯이 거의 모든 고대 유적지들이 단단한 산 위에 자리하고 있다. 이는 고대의 전쟁과 약탈에 대응하기 위한 목적 때문이다. 반면에 와디에 건축된 것은 찾아볼 수 없다. 그랬을 가능성도 없지만 실제로 누군가 멍청한 사람들이 와디에 집이나 거주지를 정했더라도 수천 년 흘러오는 동안 국지적으로 불규칙하게 발생하는 홍수에 의해서 모두 쓸려 나가 흔적도 없이 사라져 버렸을 것이기 때문이다.

언뜻 보면 자리 잡기 좋고 건축하기 용이한 마사토 같은 평지이지만 어디서 비가 내렸는지도 인지하기 어려운 광활한 유대 광야 산지의 골짜기로부터 굉음이 들려올 때면 홍수와 함께 토석류가 밀어닥치는 장면을 눈앞에 마주하게 될 것이다. 예수님이 말씀하신 비유는 유대인들이 익히 알고 있는 경험적 지식을 비유로 삼으신 것이다.

힘들고 어려워도 산 위로 돌을 날라 집을 짓는 것처럼 천국을 향해 가는 참믿음의 제자도는 고난과 노력, 그리고 희생이 반드시 따라야 하는 것임을 가르치신다.

산상수훈의 클라이맥스는 지혜로운 자와 어리석은자의 대조로 마무리된다. 마치 구약 성경 편찬의 마지막 단계에 지혜 문학들로써 토라의 핵심 교훈을 강조한 것과 대비된다. "지혜자와 우매자" 이 둘은 지혜 문학의 대표적인 메타포이다. 지혜 문학에서 지혜자 즉 하캄은 토라의 사람이요, 하나님의 길을 따라가는 의인을 의미하고 반대로 어리석은 자는 토라를 떠나 악의 길을 따라가는 자 또는 죄인을 의미하며 그의 길은 사망과 저주이다. 놀랍게도 예수님은 산상수훈의 마지막 정리로써 지혜로운 자와 어리석은 자를 대조하심으로써 구약의 교훈들이 예수님의 교훈과 구원론에까지 그대로 이어지고 있다는 사실을 나타내신다. 따라서 지혜 문학의 교훈들은 고대 세계에 한정된 이야기가 아니요, 오늘에도 면밀히 읽고 묵상되어야 하는 살아 있는 교훈의 말씀으로 여겨야 한다.

9. 결론 (7:28-29)

28. 예수께서 이 말씀을 마치시매 무리들이 그 가르치심에 놀래니
29. 이는 그 가르치시는 것이 권세 있는 자와 같고 저희 서기관들과 같지 아니함일러라

사람들은 예수님의 말씀을 듣고서 그 말씀이 저희 서기관들과 차원이 다른 줄을 느꼈다고 기록한다. 권위 있는 자 곧 저들이 전설로만 듣고 있던 선지자의 모습을 발견했는지 모른다. 그 권위와 통찰력은 인간의 차원을 넘어서 하나님의 권위로부터 주어진 것이라는 의미이다. 말씀만으로 하나님의 신성을 나타내실 정도로 산상수훈의 말씀들은 놀랍고도 놀라웠다고 성경은 회상하고 있다.

부록

산상수훈 새벽 설교문

마태복음 1:1-16

1. 아브라함과 다윗의 자손 예수 그리스도의 세계라
2. 아브라함이 이삭을 낳고 이삭은 야곱을 낳고 야곱은 유다와 그의 형제를 낳고
3. 유다는 다말에게서 베레스와 세라를 낳고 베레스는 헤스론을 낳고 헤스론은 람을 낳고
4. 람은 아미나답을 낳고 아미나답은 나손을 낳고 나손은 살몬을 낳고
5. 살몬은 라합에게서 보아스를 낳고 보아스는 룻에게서 오벳을 낳고 오벳은 이새를 낳고
6. 이새는 다윗왕을 낳으니라 다윗은 우리야의 아내에게서 솔로몬을 낳고
7. 솔로몬은 르호보암을 낳고 르호보암은 아비야를 낳고 아비야는 아사를 낳고
8. 아사는 여호사밧을 낳고 여호사밧은 요람을 낳고 요람은 웃시야를 낳고
9. 웃시야는 요담을 낳고 요담은 아하스를 낳고 아하스는 히스기야를 낳고
10. 히스기야는 므낫세를 낳고 므낫세는 아몬을 낳고 아몬은 요시야를 낳고
11. 바벨론으로 이거할 때에 요시야는 여고냐와 그의 형제를 낳으니라
12. 바벨론으로 이거한 후에 여고냐는 스알디엘을 낳고 스알디엘은 스룹바벨을 낳고
13. 스룹바벨은 아비훗을 낳고 아비훗은 엘리아김을 낳고 엘리아김은 아소르를 낳고
14. 아소르는 사독을 낳고 사독은 아킴을 낳고 아킴은 엘리웃을 낳고
15. 엘리웃은 엘르아살을 낳고 엘르아살은 맛단을 낳고 맛단은 야곱을 낳고
16. 야곱은 마리아의 남편 요셉을 낳았으니 마리아에게서 그리스도라 칭하는 예수가 나시니라

아브라함과 다윗의 자손 예수 그리스도의 세계라

신약 성경이 이 첫 구절과 함께 시작됩니다. 이 선언은 예수 그리스도를 아브라함과 다윗에게로 연결 짓는 구절이며 이제부터 기록하는 신약 성경의 모든 말씀들이 구약과 하나로 이어지는 말씀이라는 사실을 밝히는 것입니다.

이제부터 증거 하는 예수님의 말씀과 행적들은 모두 아브라함과 다윗의 계보를 잇는 전통에 연속되어 있다는 중요한 설명입니다. 왜냐하면 사람들은 예수님에 대하여 이상한 소리를 한다, 심지어 모세의 율법을 파괴하는 이단적 가르침을 전한다는 등의 오해와 모함을 하고 있기 때문입니다.

또 예수님께서 가르치신 말씀들이 구약 성경에 가리워 있던 부분들이 상당히 있었기 때문에 당시에 성경을 알고 연구하던 사람들에게는 더욱 큰 충격이 되었을 것입니다. 차라리 성경에 무지하던 죄인들이나 이방인들에게는 도리어 쉽게 받아들일 수 있었을 것입니다.

예수님께서는 구약의 선지자들도 더 보기를 원했고 더 알기를 원했으나 그렇지 못했던 사실들, 그래서 구약에서는 비밀이 되었던 일들에 대하여 밝히 말씀하셨기 때문입니다.

"내가 진실로 너희에게 이르노니 많은 선지자와 의인이 너희 보는 것을 보고자 하여도 보지 못하였고 너희 듣는 것을 듣고자 하여도 듣지 못하였느니라(13:17)"고 말씀하셨습니다.

예수님께서 가르치신 복음과 계명들은 바리새인들이 연구해서 가르쳐 왔던 것들과는 분명히 다른 것이었으며 주님께서 확고하게 확신적으로 말씀하신 천국과 지옥에 대한 복음은 그들이 듣지도 못했던 사실들이었던 것입니다.

마태는 이 모든 일들을 기록함에 있어서 그 첫 구절에 "아브라함과 다윗의 자손 예수 그리스도의 세계라" 하면서 족보 이야기를 싣고 있습니다.

아브라함과 다윗의 자손 예수라 하면 일방적인 선포입니다. 그러나 그 뒤에 족보가 나열될 때에 이것은 단지 주장이 아니라 증명이 되는 것입니다.

빌라도는 예수님의 십자가에 유대인의 왕이라는 패를 붙였습니다. 마태의 족보에는 예수님이 바로 다윗의 자손, 유대 민족의 왕통을 이은 분, 즉 지금이 로마의 식민지만 아니었다면 그는 유대인의 왕 바로 그분이셨다는 사실을 증거한 것입니다. 그는 과거 바벨론 포로 시대 이후에 예루살렘에 돌아와 예루살렘 제2 성전을 건축했던 왕족 스룹바벨의 후손이기도 하셨습니다.

마태복음의 족보는 복음서의 권위의 기초와 근거를 역사적으로 밝히는 것입니다. 그리고 뒤이어 예수님의 탄생 기사가 기록됩니다, 이는 예수 탄생의 신적인 기원, 계시적인 기원을 밝히는 것이기에 중요합니다. 이처럼 마태복음은 매우 논리 정연하게 정리되어 기록된 매우 귀한 증거의 책입니다.

이렇게 예수님의 등장에 대한 서론적인 기록을 마칠 때에 바로 뒤이어 기록된 것이 산상수훈의 말씀입니다. 이것은 예수님께서 무엇을 말씀하셨는지, 그분이 오셔서 가르치신 교훈이 무엇이었는지를 모아 놓은 어록집과 같은 것입니다.

우리는 산상수훈을 통해서 예수님의 교훈을 집중적으로 읽고 배울 수 있습니다. 이것은 예수님의 율법 해석이자 모세 율법의 완성판과도 같은 것입니다.

그리고 이어서 8장부터는 예수님의 행적들을 일화들과 비유들을 하나로 엮어 가며 기록하고 있습니다.

마태의 이야기는 십자가를 향해 나아갑니다. 예수님께서 결국 어떻게 십자가에 달리시게 되었는지 그 구원의 이야기와 동시에 유대인들의 음모가 어떠했는지와 빌라도와 로마인들의 죄가 무엇이었는지를 기록으로 남겨 그들을 고발하고 있습니다. 역사 기록의 위력은 상상 이상입니다. 그들의 말과 행적 그 모든 사실이 시간이 흘러도 묻혀 버리지 않고 2천 년 가까이 현재형으로써 세상에 증거되고 고발되고 있는 것입니다. 그래서 많은 군주들과 독재자들이 역사 기록을 말살하거나 변조하려고 시도했습니다. 그러나 하나님과 관련된 역사는 하나님께서 보존하십니다. 그것은 인간의 어떤 권력으로도 묻어 버릴 수 없으며 불살라 없앨 수 없는 것입니다.

하나님께서는 다 드러내십니다. 누군가를 통해서 기록하게 하시고 증언하게 하실 뿐 아니라 마지막 날 심판의 보좌 앞에서는 세상의 기록에 의하지 않고 완전하게 다 드러나게 될 것입니다.

그러므로 선을 행하는 사람들은 나의 선행이 잊혀질까 두려워 말고 하나님 앞에서 왼손이 하는 일을 오른손이 모르게 행하여도 하나님께서 때가 되면 드러내시고 증거하게 하시고 합당한 상급을 주시는 줄 믿고 선을 행하시기 바랍니다.

또한 악을 행하는 사람들을 회개해야 합니다. 이 땅에서 죄를 회개해야지 회개할 기회를 놓치면 영원토록 후회하게 될 것입니다.

우리가 오늘 읽는 마태복음은 2천 년 전에 유대 땅에서 일어났던 일들에 대한 상세한 기록을 현재형으로 들려주고 있습니다. 여기에 보이는 인물들은 모두 그렇게 자기 시대를 살아가다 자기 곳으로 사라졌습니다. 그러나 그들의 이야기들이 여전히 땅에 남아서 소리치고 있습니다.

우리는 어떤 이야기를 남겨야 할까요? 날마다 이것을 기억하고 고민하고 힘쓰시기 바랍니다. 아름답고 선행 하며 거룩하고 숭고한 이야기로 나에 대한 이야기가 땅에 남겨지기를 간절히 소망합니다.

마태복음 1:17-25

17. 그런즉 모든 대 수가 아브라함부터 다윗까지 열 네 대요 다윗부터 바벨론으로 이거할 때까지 열 네 대요 바벨론으로 이거한 후부터 그리스도까지 열 네 대러라
18. 예수 그리스도의 나심은 이러하니라 그 모친 마리아가 요셉과 정혼하고 동거하기 전에 성령으로 잉태된 것이 나타났더니
19. 그 남편 요셉은 의로운 사람이라 저를 드러내지 아니하고 가만히 끊고자하여
20. 이 일을 생각할 때에 주의 사자가 현몽하여 가로되 다윗의 자손 요셉아 네 아내 마리아 데려오기를 무서워 말라 저에게 잉태된 자는 성령으로 된 것이라
21. 아들을 낳으리니 이름을 예수라 하라 이는 그가 자기 백성을 저희 죄에서 구원할 자이심이라 하니라
22. 이 모든 일의 된 것은 주께서 선지자로 하신 말씀을 이루려 하심이니 가라사대
23. 보라 처녀가 잉태하여 아들을 낳을 것이요 그 이름은 임마누엘이라 하리라 하셨으니 이를 번역한즉 하나님이 우리와 함께 계시다 함이라
24. 요셉이 잠을 깨어 일어나서 주의 사자의 분부대로 행하여 그 아내를 데려 왔으나
25. 아들을 낳기까지 동침치 아니하더니 낳으매 이름을 예수라 하니라

17절에 "그러므로 모든 대 수가 아브라함부터 다윗까지 열네 대요 다윗부터 바벨론으로 이거할 때까지 열네 대요 바벨론으로 이거한 후부터 그리스도까지 열네 대더라" 하였는데 정확히 열네 대씩인지 우리는 확인할 수 없습니다만 성경의 증거를 믿는 것이 중요하고 또 실제로 그러했든 성경이 그렇게 의도하여 열네 대씩 정리하여 기록했든지 둘 중의 하나지만 핵심은 동일합니다. 아브라함과 다윗과 바벨론으로 이거한 사건이 그리스도가 오시기까지 이스라엘 민족에 있어서 중요한 역사적 삼대 전환점이기

때문입니다.

아브라함은 하나님께서 이스라엘 민족을 선택하실 때 약속을 받은 조상으로서 이스라엘 민족의 시조가 됩니다. 또 다윗은 이스라엘 민족에 유다 지파의 왕조의 시작이 되는 인물입니다. 이는 하나님께서 약속을 주셔서 세우신 왕조이기 때문에 이스라엘 민족에게 있어서 다윗의 왕통은 하나님 신앙과 이어지는 중요한 왕가입니다. 단지 정치, 역사적인 의미를 넘어서는 그들의 종교, 신앙, 사회, 정치가 하나로 연결되는 구심점이 되는 것입니다.

그러다가 바벨론 포로 생활, 즉 민족의 주력이 바벨론으로 이거하게 되는데 이 바벨론 이거 시점으로 다윗 왕조가 사실상 명맥이 끊어지게 됩니다.

나중에 포로 귀환 때, 즉 70년 만에 그 후손들이 예루살렘으로 귀환하게 될 때에 스룹바벨이 지도자로서 백성을 이끌고 돌아와 성전을 재건하는데 그것을 스룹바벨 성전 또는 제2 성전이라 부릅니다. 그 직후에 스룹바벨은 갑자기 현장에서 사라집니다. 스룹바벨이 다윗 왕조를 잇는 후손이었습니다만 페르시아 왕조에 의해 제거당한 것 같습니다.

그 이후로 페르시아 제국에 이어 헬라 제국 그리고 로마 제국에 이르는 400여 년 동안 이스라엘 땅에는 다윗의 왕조가 계승될 수 없었습니다. 그 후손들은 어디엔가 조용히 묻혀 지내 오고 있었던 것입니다.

그리고 어느날 하나님의 때가 임하여 다윗의 자손 예수 그리스도가 하나님의 권능으로 이스라엘 가운데 나타나신 것입니다.

우리는 복음서에서 이스라엘 사람들이 왜 예수님께 다윗의 자손이라는 호칭을 부르며 환호성을 지르고 격렬한 환영을 하기까지 했으며 다윗의 자손이라는 말로써 그들의 가슴 속의 울분을 토하며 치유와 해방을 간구했는지 이해할 수 있어야 합니다.

빌라도는 예수님에게 네가 유대인의 왕이냐고 질문했고 내 나라는 이 세상에 속한 것이 아니로다 하시는 예수님의 대답을 듣고는 경계를 풀었던 것도 이와 관련된 장면들입니다,

오늘 마태복음 서론 장에서는 예수님께서 아브라함과 다윗왕과 바벨론 이거 이후의 역사의 질곡을 뚫고 조상들의 언약을 한 몸에 지니고 오신 바로 그 한 분이시라는 사실을 감격적으로 증언하고 있습니다.

아브라함의 언약과 다윗의 언약을 한 몸에 지니고 오신 분이며 바벨론 이거 후로부터 기나긴 암흑 시대를 뚫고 그 명맥을 가지고 부활하듯 등장한 후손이라면 바로 이스라엘 민족의 구원자가 되는 것입니다. 그것보다 예수님의 정통성을 확실하게 입증하는 사실은 더없는 것입니다. 물론 하나님의 아들이십니다만 그건 하늘에 속한 것이므로 세상에서는 확인할 길이 없습니다. 그러나 마태는 이처럼 흔들릴 수 없는 증거로써 예수님이 구원자 즉 "예수아"라고 그 이름을 증거, 또 설명하는 것입니다.

그리고 18절부터 예수님의 탄생 기사가 1장 끝까지 이어집니다. 이 탄생 기사에서 핵심은 "예슈아"의 등장입니다. 그 이름은 계시를 받아 부여된 이름이며 그 이름은 바로 하나님의 구원, 즉 구원자라는 의미입니다.

예수님은 그 이름대로 하나님의 구원으로서 우리에게 오신 분이십니다. 그러므로 예수님을 영접하는 것은 곧 하나님의 구원, 예수아를 영접하는 것입니다.

예수님을 믿는 것은 하나님의 구원 즉 예슈아를 믿는 것입니다. 예수님을 전하는 것은 곧 하나님의 구원 즉 예슈아를 전하는 것입니다.

이 탄생 기사는 우리가 너무나 잘 아는 이야기입니다. 그래도 또 읽으시기 바랍니다. 가장 기쁘고 설레는 구원의 소식이기 때문입니다.

마리아가 잉태된 것이 정혼자 요셉에게 나타났을 때에 요셉은 의로운 자라 이를 가만히 끊으려 했다고 기록하고 있습니다. 요셉이 의로운 자였다고 했는데 의로운 자라면 자기 약혼녀가 어디서 다른 남자의 애를 임신하고 있었다면 그 책임을 묻고 배신에 대한 합당한 처리를 해야 옳을 것입니다. 그런데 요셉은 이를 알고서는 가만히 끊으려고 했습니다. 성경은 요셉이 의로웠기 때문이라고 말씀합니다. 대가를 묻는 것만이 의는 아니기 때문입니다. 응징하는 것만이 의는 아니기 때문입니다.

   요셉은 마리아를 진심으로 사랑했습니다. 그런데 마리아가 자기를 배신한 것입니다. 임신한 걸 알고는 얼마나 충격을 받았을까요? 심지어 자기를 뭘로 아는지 납득하기 어려운 변명을 하는 겁니다. 그런데도 요셉은 마리아를 보호하려 했습니다. 요셉의 마음에는 십자가의 사랑이 있었던 것 같습니다. 그리고 마리아와 정리를 하고 보내 주려고 고민하고 있을 때에 하나님의 천사가 요셉에게 찾아온 것입니다.

   성경은 그런 요셉을 의로운 사람이라고 기록하고 있습니다. 하나님이 인정하시는 진정한 의로움은 무엇일까요? 그 부부를 통해 이 땅에 등장하신 예수님께서는 우리들의 죄를 대신 지시고 십자가에 죽으심으로써 하나님의 의가 되셨다고 성경은 말씀하고 있습니다.

   이것을 깊이 묵상하면서 이 마음이 항상 내가 살아가는 동안 의로운 삶의 등불이 되기를 소원합니다.

마태복음 2:1-12

1. 헤롯왕 때에 예수께서 유대 베들레헴에서 나시매 동방으로부터 박사들이 예루살렘에 이르러 말하되
2. 유대인의 왕으로 나신 이가 어디 계시뇨 우리가 동방에서 그의 별을 보고 그에게 경배하러 왔노라 하니
3. 헤롯왕과 온 예루살렘이 듣고 소동한지라
4. 왕이 모든 대제사장과 백성의 서기관들을 모아 그리스도가 어디서 나겠느뇨 물으니
5. 가로되 유대 베들레헴이오니 이는 선지자로 이렇게 기록된바
6. 또 유대 땅 베들레헴아 너는 유대 고을 중에 가장 작지 아니하도다 네게서 한 다스리는 자가 나와서 내 백성 이스라엘의 목자가 되리라 하였음이니이다
7. 이에 헤롯이 가만히 박사들을 불러 별이 나타난 때를 자세히 묻고
8. 베들레헴으로 보내며 이르되 가서 아기에 대하여 자세히 알아 보고 찾거든 내게 고하여 나도 가서 그에게 경배하게 하라
9. 박사들이 왕의 말을 듣고 갈쌔 동방에서 보던 그 별이 문득 앞서 인도하여 가다가 아기 있는 곳 위에 머물러 섰는지라
10. 저희가 별을 보고 가장 크게 기뻐하고 기뻐하더라
11. 집에 들어가 아기와 그 모친 마리아의 함께 있는 것을 보고 엎드려 아기께 경배하고 보배합을 열어 황금과 유향과 몰약을 예물로 드리니라
12. 꿈에 헤롯에게로 돌아가지 말라 지시하심을 받아 다른 길로 고국에 돌아가니라

이제 예수님의 탄생을 기록한 장면입니다. 마태는 이 당시에 이 사실을 목격하지 못했을 것입니다. 아마 나중에 예수님의 탄생에 관한 이야기를 종합적으로 수집하게 되었을 것입니다. 우리는 성경이 하나님의 감동하심을 입은 사람들의 노력과 헌신에 의해서 형성되었지만 그 최종 감수는 성령님께서 하신 것이라는 사실을 믿습니다. 따라서 성경의 모든 기록들은

흠이 없으며 완전한 하나님의 말씀이라는 사실을 신뢰해야 합니다.

예수님의 탄생 기사도 그 진실성을 믿어 의심치 않습니다. 예수님은 헤롯 대왕이 예루살렘을 다스리던 시절에 베들레헴에서 탄생하셨습니다.

마태복음은 동방 박사의 이야기로 탄생 기사의 문을 열었습니다. 동방에서부터 박사들이 별을 보고서 왕의 탄생을 경배하러 왔다는 것입니다. 이 동방은 당연히 페르시아로 여겨집니다. 고대에는 철학과 물리학 그리고 천문학 그리고 종교까지 하나로 연결되어 있었습니다. 지식이라는 것이지요. 그래서 박사라 하면 그들은 전반적인 지식을 연구했는데 이들은 특히 천문 현상을 연구하던 페르시아의 조로아스터교 사제들이었을 가능성이 높습니다. 대충 그 정도로 이해하고 그들이 어느 날 하늘에서 이상한 천문 현상을 발견하고 그 별의 징조를 보고는 예루살렘까지 찾아와서 헤롯왕에게 묻습니다. "유대인의 왕으로 나신이가 어디 계시뇨? 우리가 동방에서 그의 별을 보고 그에게 경배하러 왔노라" 참 신기한 일입니다.

동방에서 왕의 탄생을 알리는 별의 징조를 발견하고서 그것이 왜 유대인의 왕이 탄생하는 계시라고 결론을 내렸는지 참 신기한 일입니다만 그들은 그랬습니다. 어쩌면 그들은 유대교도 함께 연구하던 박사들이었는지 모릅니다. 이 부분은 기회 되면 좀 더 근거가 되는 자료가 있는지 찾아봐야겠습니다.

어쨌거나 그들은 순수한 경외심으로 예루살렘을 찾아왔는데 예루살렘에서는 난리가 벌어졌습니다. 당시 로마 식민지로서 헤롯이 어렵게 예루살렘의 왕으로 자리를 차지했는데 동방에서 박사들이 찾아와 왕의 탄생을 경배하러 왔다고 하니 엄청난 충격을 받았을 겁니다.

그래서 헤롯이 대제사장과 서기관들을 모아서 성경의 예언에 그리스도 즉 기름 부음 받은 자가 어디서 난다고 기록되었는지 물었습니다. 그러자 그들은 미가 선지자의 예언 중에 유대 땅 베들레헴에서 난다는 예언을 이야기합니다.

박사들이 헤롯의 말을 듣고 베들레헴으로 가는데 동방에서 보던 그 별이 박사들에게 나타나 박사들의 길을 구체적으로 인도하여 예수님이 탄생한 그 위치에 멈추었습니다. 이건 초자연적인 현상이 나타는 것으로밖에 이해되지 않습니다. 그러나 고대의 순수한 박사들은 이것을 하늘의 계시로 받아들이고 단지 매우 기뻐하고 기뻐했다고 성경은 기록합니다. 그들은 들어가서 마침내 갓 태어난 아기를 발견하고 그 앞에 경배하며 세 가지 예물을 드렸습니다.

마태복음은 왜 박사들의 이야기를 예수 탄생 기사의 핵심으로 기록했을까요? 그것은 뒤에 이어지는 유아 학살 사건의 전말을 이야기하기 위한 것이기도 하고 그보다 더 중요한 점은 이 탄생을 둘러싼 기사들 가운데 박사들을 시작으로 이야기를 풀어 나감으로써 예수님의 탄생이 이방인의 증거로부터 드러나게 되었다는 점을 나타내려 한 것 같습니다. 그것도 유대교인이 아닌 이방의 박사들이 자기들의 연구 결과가 아닌 하늘의 별들의 계시를 보고서 와서 이야기해 준 것입니다.

요한복음은 빛이 어두움에 비취되 어두움이 깨닫지 못하더라고 언급하면서 예수님의 탄생을 이야기했지만 마태는 예루살렘이 얼마나 영적인 어두움 가운데 있었는지 그 잠을 이방인이 와서 깨움으로써 자신들의 왕이 탄생하셨음을 깨닫게 되었다는 사실을 증언하는 것입니다. "헤롯 왕과 온 예루살렘이 듣고 소동한지라"

이로써 예수님의 탄생은 장차 마태복음의 결론 부분에 드러나게 될 온 이방 세계에까지 구원의 복음이 전해지게 하기 위한 그 시작으로써 온 세상의 구주로 오신 예수님의 탄생을 범세계적인 메시야의 탄생으로써 당시에 실제로 일어난 사건을 가지고 정확하게 기록한 것입니다.

여기 탄생하신 예수님은 자기 백성에게서가 아니라 이방인 박사들에게 첫 예물을 받고 첫 인사를 받습니다. 요한은 그가 자기 땅에 오매 자기 백성이 영접지 아니하였다고 기록했는데 마태는 장면을 우리에게 보여 줌으로써 그 사실을 증거한 것입니다.

헤롯은 가짜 왕이었습니다, 당시에 실권을 가지고 있었습니다만 유대인도 아니었고 다윗의 자손도 아니었습니다. 하나님께서는 그가 찬란하게 덧입힌 헤롯 성전을 돌 위에 돌 하나도 남기지 않게 완전히 무너뜨리게 하셨습니다.

여기에 참임금이 오셨습니다. 그분은 유대인의 정통 왕이셨을 뿐 아니라 아브라함의 약속의 성취자요, 온 이방 세계에 구원을 주실 구원자로 오셨습니다. 모든 이방 세계도 전부 다 그의 나라이기 때문입니다. 주님은 온 세상의 왕으로 오신 것입니다. 할렐루야! 그것이 다니엘이 예언했던 마지막에 등장할 영원한 나라와 그 왕에 관한 예언입니다.

참 신기한 일이 예수님의 탄생 기사로 기록되어 온 세상에 지금까지 증거하고 있습니다. 예수님은 먼저는 유대인의 왕이시고 또 우리의 왕이십니다. 이 온 세상 나라는 때가 되면 모두 주님께 속하게 될 것입니다. 우리는 예수님을 나의 왕 나의 구주로 고백하며 그 앞에 날마다 무릎을 꿇어 경배해야 마땅합니다.

마태복음 2:13-23

13. 저희가 떠난 후에 주의 사자가 요셉에게 현몽하여 가로되 헤롯이 아기를 찾아 죽이려하니 일어나 아기와 그의 모친을 데리고 애굽으로 피하여 내가 네게 이르기까지 거기 있으라 하시니
14. 요셉이 일어나서 밤에 아기와 그의 모친을 데리고 애굽으로 떠나가
15. 헤롯이 죽기까지 거기 있었으니 이는 주께서 선지자로 말씀하신바 애굽에서 내 아들을 불렀다 함을 이루려 하심이니라
16. 이에 헤롯이 박사들에게 속은줄을 알고 심히 노하여 사람을 보내어 베들레헴과 그 모든 지경 안에 있는 사내 아이를 박사들에게 자세히 알아본 그 때를 표준하여 두 살부터 그 아래로 다 죽이니
17. 이에 선지자 예레미야로 말씀하신바
18. 라마에서 슬퍼하며 크게 통곡하는 소리가 들리니 라헬이 그 자식을 위하여 애곡하는 것이라 그가 자식이 없으므로 위로 받기를 거절하였도다 함이 이루어졌느니라
19. 헤롯이 죽은 후에 주의 사자가 애굽에서 요셉에게 현몽하여 가로되
20. 일어나 아기와 그 모친을 데리고 이스라엘 땅으로 가라 아기의 목숨을 찾던 자들이 죽었느니라 하시니
21. 요셉이 일어나 아기와 그 모친을 데리고 이스라엘 땅으로 들어오니라
22. 그러나 아켈라오가 그 부친 헤롯을 이어 유대의 임금 됨을 듣고 거기로 가기를 무서워하더니 꿈에 지시하심을 받아 갈릴리 지방으로 떠나가
23. 나사렛이란 동네에 와서 사니 이는 선지자로 하신 말씀에 나사렛 사람이라 칭하리라 하심을 이루려 함이러라

동방 박사들이 헤롯왕에게 들르지 않고 다른 길로 고국에 돌아가 버렸습니다. 이는 그들이 꿈에 헤롯에게로 돌아가지 말라는 명령을 받았기 때문입니다. 비록 이방의 박사들이었지만 그들은 꿈과 징조들을 의심하지 않고 받아들였습니다. 그들은 이방인 최초로 예수님을 믿은 사람들이라

할 수 있습니다. 아직 복음은 듣지 못하였음에도 말입니다.

헤롯왕은 동방 박사들이 자기의 부탁을 외면하고 돌아가 버린 것에 분노했습니다. 유대인의 왕으로 태어난 아기를 찾아 죽일 수 없게 되었기 때문입니다. 그래서 그는 베들레헴 지경 안에 있는 사내아이를 박사들에게 자세히 알아본 때를 기준으로 두 살 아래로 모두 학살하였습니다.

큰 환난이 베들레헴 지경에 일어났고 큰 통곡이 메아리쳤던 끔찍한 학살의 사건이 일어났습니다. 헤롯은 그런 왕이었습니다. 그는 잔인하고 무정하고 흉폭한 인물이었습니다. 예수님은 훗날 그런 자가 세운 성전을 결코 기뻐하지 않으셨습니다. 제자들이 예루살렘 성전을 가리키며 그 위용과 아름다움을 칭송할 때에 예수님께서는 돌 하나도 돌 위에 남기우지 아니하고 다 무너뜨리우리라는 예언을 말씀하셨습니다.

하나님께서는 합당하지 않은 자가 하나님의 이름으로 세운 어떤 일이나 사역들을 통해서 영광받지 않으십니다. 우리는 하나님의 이름으로 어떤 일들을 세우기에 앞서서 먼저 우리가 하나님 앞에 기뻐하심을 입으며 합당한 자로 인정받아야 합니다.

하물며 자기의 세상적인 야욕을 위해서 하나님의 성전을 사십 년 동안 공사를 하여 위용 있게 재건축했다면 세상 사람들이 그 건축물을 보고 칭찬을 하며 그 위용에 경배를 드릴지 모르지만 하나님께서는 무너질 날만을 기다리시는 것입니다. 바로 그 성전에서 예수님을 심판하는 공회가 열렸고 하나님의 아들 예수님을 정죄하는 사건이 벌어졌으며 사도들을 불러다가 채찍질하며 복음을 전하지 못하도록 협박하는 사건이 벌어졌습니다.

합당치 않게 세운 일은 반드시 합당치 않은 일들을 연속해서 낳게 되는 것입니다. 그러므로 어떤 일을 하나님의 이름으로 시작할 때에 반드시 근신하고 기도함으로써 이 일에 합당한지를 여쭙고 하나님께서 기뻐하시는 뜻을 따라서만 추진해 나가야 합니다.

우리는 헤롯과 같은, 헤롯은 극단적인 경우입니다만 정도는 달라도 헤롯과 같은 마인드로 하나님의 일을 바라보아서는 안 됩니다.

어느 순간엔가 교회의 목회를 성공적인 목회, 목회의 성공이라는 개념으로 바라보기 시작했습니다. 장로들은 자기 교회 목사님이 교회를 성공적으로 부흥시키지 못하면 불만을 갖고 압박을 주어 분발하든지 그만두든지 하도록 하는 모습을 보여 왔습니다.

목사로서의 인생 성공은 목회의 성공이 따라야만 하지요. 그래서 여러 가지 방법을 적용해 보기도 하고 더 나은 학위를 따려고 공부도 합니다. 그러나 여러분, 성공이라는 개념이 성경에 있습니까? 신앙에 있어서 성공이라는 개념이 있습니까? 물론 한자어로는 목적을 이룬다는 좋은 의미의 말입니다. 그러나 교회 안에 성공이라는 개념이 들어올 때에는 미국의 개념인 'success'라는 말의 번역으로 들어온 겁니다. 실용주의적이고 세속적인 용어입니다. 지금도 경영학에서는 이 'success'가 성공과 동의어입니다.

성도들에게는 이렇게 가르칩니다. '인생에 성공하기 위해서는 하나님의 말씀에 순종해야 하고, 인생에 성공하기 위해서는 먼저 그의 나라와 그의 의를 구해야 합니다. 그리하면 이 모든 것을 더하시리라고 약속하셨기 때문입니다.' 이 말에 아멘 하십니까? 하지 마십시오.

그럼 하나님의 말씀에 순종하는 게 인생에 성공하기 위한 방법이었던 것 아닙니까? 먼저 하나님의 나라와 그의 의를 구하는 것이 인생에 성공하기 위한 방법이었던 게 아닙니까?

바울은 하나님의 나라와 그의 의를 구하는 게 인생의 목적이었습니다. 성공하기 위해서 말씀에 순종한다! 예수님 시대에 바리새인들이 종교를 이렇게 여겼습니다. 신앙이 방법이 되는 것입니다. 이건 말씀을 모독하는 것 아닙니까? 이런 인생 성공의 목적을 가지고 하나님의 나라를 먼저 구하며 나아오는 사람이 하나님을 모독하는 것 아닙니까?

헤롯이랑 뭐가 다릅니까? 그는 자기 성공을 위해서 막대한 공사를 일으켜 예루살렘 성전을 재건축했습니다. 그리고 자기의 성공을 위협하는 어린아이가 누군지 찾지 못하자 그 인근의 모든 어린 사내 아기들을 학살해 죽여 버렸습니다. 자기 인생 성공이 가장 궁극적인 목적이었기 때문입니다.

성공하기 위해 목회하는 목사들과 장로들은 회개해야 합니다. 주님은 네가 죽도록 충성하라고 말씀하셨지 죽도록 성공하라고 말씀하신 적이 없습니다.

인생에 성공하기 위해 하나님의 말씀에 순종하려는 사람들은 회개하든가 교회에서 사라지시기 바랍니다. 인생에 성공하기 위해 먼저 하나님의 나라와 의를 구하러 오는 사람들은 그냥 당신 나라와 당신 의를 구하러 나가시기 바랍니다. 괜히 와서 하나님 먼저 드시지요 하고 아부하지 말라는 겁니다. 하나님 나라에 대한 모독입니다. "먼저"라는 단어는 그 뜻이 아닙니다.

사도들은 그렇게 가르친 일이 없는데 어느 순간엔가 교회에 'success!' 개념이 들어왔습니다. 그러자 사람들이 열광하기 시작했습니다. 많은 사람들이 몰려들어 왔고 잠시 후엔 저마다 성공 사례를 간증하기 시작했습니다.

속지 마세요! 정신 차립시다. 하나님의 거룩한 진리 말씀을 세상의 말로 속이지 말아야 하고 속지도 말아야 합니다. 우리는 헤롯의 길로 따라가지 말아야 합니다. 그 헤롯은 대왕이라고 불렸습니다. 얼마나 위용 있고 성공적인 왕의 삶을 살았는지 모릅니다. 그의 세 아들도 전부 다 왕이 되었습니다.

새 왕이 나셨습니다. 그는 가난하고 여린 모습으로 비천한 곳에서 나셨습니다. 그는 성공을 위해 오시지 않았고 하나님의 뜻을 이루시기 위해, 죄인들을 위해 자신의 생명을 버리시기 위해서 이 땅에 오신 새 왕이십니다. 애굽으로 피난 가서도 비천한 곳에서 유아 시절을 보내셨습니다.

여러분은 어떤 왕을 따라 가시겠습니까? 주님은 성공이란 말을 입에 담은 적도 없으십니다. 주님은 오직 하나님을 사랑하셨고 양들을 사랑하셨습니다. 마태복음은 새 왕의 시작을 알리면서 그가 어떻게 시작되었는지를 이야기하고 있습니다. 그리고 그분은 영원한 만왕의 왕이시라고 이야기해 나갑니다. 오직 주의 길을 따라서만 나도 살아가기를 원합니다. 내 인생에 성공이란 없습니다. 나는 울산에서 개척하던 시절 그걸 거세해 버렸습니다. 다만 주님을 사랑하고 양들을 사랑하고 진리를 사랑하는 삶의 길만을 가길 원합니다.

마태복음 3:1-10

1. 그 때에 세례 요한이 이르러 유대 광야에서 전파하여 가로되
2. 회개하라 천국이 가까왔느니라 하였으니
3. 저는 선지자 이사야로 말씀하신 자라 일렀으되 광야에 외치는 자의 소리가 있어 가로되 너희는 주의 길을 예비하라 그의 첩경을 평탄케 하라 하였느니라
4. 이 요한은 약대 털옷을 입고 허리에 가죽띠를 띠고 음식은 메뚜기와 석청이었더라
5. 이때에 예루살렘과 온 유대와 요단강 사방에서 다 그에게 나아와
6. 자기들의 죄를 자복하고 요단강에서 그에게 세례를 받더니
7. 요한이 많은 바리새인과 사두개인이 세례 베푸는데 오는 것을 보고 이르되 독사의 자식들아 누가 너희를 가르쳐 임박한 진노를 피하라 하더냐
8. 그러므로 회개에 합당한 열매를 맺고
9. 속으로 아브라함이 우리 조상이라고 생각지 말라 내가 너희에게 이르노니 하나님이 능히 이 돌들로도 아브라함의 자손이 되게 하시리라
10. 이미 도끼가 나무 뿌리에 놓였으니 좋은 열매 맺지 아니하는 나무마다 찍어 불에 던지우리라

　마태복음 3장에는 세례 요한에 대한 기록이 먼저 나옵니다. 마태복음은 매 사건마다 구약 성경과의 관련성과 어떤 예언이 관련된 일이었는지가 병행하여 인용되어 있습니다.

　마태는 본래 바리새인들이 경멸하던 세리였는데 놀랍게도 구약 성경에 대한 지식이 탁월했음을 알 수 있습니다. 아마 바리새인들에게는 경멸을 당하면서도 개인적으로는 성경을 깊이 있게 묵상하고 하나님을 찾았었는지 모릅니다. 숨은 아웃사이더 실력자였는지 모릅니다.

　세례 요한이 어느 날 유대인들에게 나타났습니다. 그의 부모와 탄생에

관한 이야기는 당연히 그가 나타났기 때문에 후에 알려지게 된 것입니다. 그는 어느 날 나타났습니다.

대부분 하나님의 사람들은 묻혀 있다가 어느 순간에 나타납니다. 그 이전에는 그가 있었는지조차 알 수 없도록 철저히 묻혀 있는 경우가 대부분입니다. 하나님의 사람들은 하나님의 때에, 즉 자신의 때에 하나님의 일을 하다가 그 때가 지나면 홀연히 무대에서 사라졌습니다.

회개하라 천국이 가까왔느니라. 하늘나라, 하늘 왕국이 가까이에 있다는 것입니다. 그것이 세례 요한의 메시지 주제였습니다. 그리고 불의 심판에 대해 경고하였습니다.

"이미 도끼가 나무 뿌리에 놓였으니 좋은 열매 맺지 아니하는 나무마다 찍혀 불에 던지우리라"

하나님의 심판과 구원, 그것이 신약 성경의 메시지입니다. 이 세상에서의 삶, 그것은 주된 주제가 아니었습니다. 세례 요한으로부터 시작해서 신약 성경 전체가 일관되게 증거하는 메시지의 주제는 하나님의 심판과 구원입니다. 초대 교회 성도들의 신앙도 역시 그 주제에 일치했습니다. 오늘날 교회의 메시지는 오히려 거꾸로 되어 있지나 않은지요?

이 세상에서의 삶! 그것에 대한 많은 지침과 도움, 그리고 그것을 위한 복음. 그리고 다 끝나면 이제 들어갈 천국과 심판에 대한 참고 사항 같은 식으로 신약의 핵심 메시지가 뒤로 밀려나 있는 모습이 많습니다. 우리의 중심은 어디에 있습니까?

천국이 가까웠다! 이 선포가 전제가 되고, 제1(First-Base) 메시지가 되고 그 다음에야 이에 따르는 여러 가지 책망과 교훈이 따르는 것이 세례 요한의 메시지였습니다. 그것은 신약 성경 전체가 동일합니다.

이 요한은 약대 털옷을 입고 허리에 가죽띠를 띠고 음식은 메뚜기와 석청이었더라 했습니다. 요한에 대한 설명이 이 한마디로 요약입니다. 양털이 아닌 낙타의 털도 깎아서 실과 천을 만들었는지는 상상이 안 갑니다만 당시에 요한은 그 약대 털옷을 입고 허리에는 가죽띠를 띠었다고 기록되었습니다. 그리고 그가 먹는 음식은 메뚜기와 석청이었다고 합니다. 차려 먹는 음식이 아니라 주워 먹는 식량들입니다. 골란고원이면 몰라도 유대 광야에 벌꿀이 있었다는 것은 상상하기 어렵습니다. 그것은 돌 틈 사이에 떨어져 있는 대추야자 열매를 뜻한다고 합니다. 실제로 가까이에 있는 여리고는 그 이름이 '대추야자의 성'이라는 의미로 고대로부터 불려 왔습니다. 이 설명이 유대 광야에서는 더 사실에 가깝습니다.

자 이런 요한의 모습이 어떻게 보이십니까? 그 정도로 찾아오는 사람들이 많고 제자들을 거느리고 사역을 하던 선지자였는데 마태가 그리는 요한의 이 모습은 어떻게 보이십니까?

삶에 관심이 없는 사람입니다. 요한은 이 세상에서의 삶을 추구하지 않았습니다. 그는 하나님께서 시키신 일을 하기 위해서 이 세상에 있을 따름입니다. 이것이 신약의 제자 된 신앙을 가지고 사는 사람의 모습입니다.

"천국이 가까왔느니라", 하늘나라가 가까이에 있다! 이 메시지가 가슴에 가득했기 때문에 그렇게 살았습니다. 그런데 성경은 믿음의 원조상인 아브라함도 성을 짓지 아니하고 천막에 거하면서 일생을 살았다고 증거하고 있습니다. 이는 장차 들어갈 본향을 찾는 자임을 나타내는 것이었다고 말씀합니다. 우리는 바울이 어떻게 살아갔는지 상세히 읽을 수 있습니다. 그는 이 세상에서의 삶을 포기했습니다. 예수를 만난 후로부터 그는 이 세상에서의 삶을 모두 버렸고 대신 예수님의 명령을 지키기 위한 새로운 삶의 길을 달려갔습니다.

오순절 이후 사도들은 더 이상 핍박이나 위협을 두려워하지 않았습니다.

천국이 가까이에 있었기 때문입니다. 천국을 얻고자 했습니다. 거기서 약속을 얻고자 하는 소망이 가슴에 가득한 삶을 살아간 것입니다.

많은 바리새인과 사두개인이 세례 베푸는 데 오는 것을 보고 이르되 독사의 자식들아 누가 너희를 가르쳐 임박한 진노를 피하라 하더냐?라고 일갈한 장면이 8절에 기록되어 있습니다.

독사는 마귀의 상징입니다. 그냥 뱀도 아니고 아주 극단적인 마귀성을 상징하는 표현이었습니다. 어쩌면 가장 종교적인 삶을 살던 사람들에게 독사의 자식들아 라는 말이 나왔을까요? 하나님의 율법은 이 세상을 사는 백성들에게 주신 하나님의 지침이었습니다만 그 율법의 내용은 이 세상의 삶을 추구한다면 반드시 갈등과 부딪힘을 겪을 수밖에 없습니다. 왜냐하면 하나님께서 주신 율법은 궁극적으로 이 세상이 아닌 하나님의 나라의 가치를 지향하기 때문입니다.

그런데 바리새인들은 이 세상의 삶을 중요하게 여겼습니다. 그러므로 그들이 율법을 어떻게 했겠습니까? 종교적인 외식으로 다루었습니다. 결국 하나님께서는 이 세상의 삶을 통해 하나님의 나라를 추구하라고 율법을 주셨는데 그들은 이 세상이 더 중요했고 이 세상을 버린다는 것은 말도 안 되는 것이었습니다. 그러므로 외식하고 위선적이고 돈에 집착하는 자들이 될 수밖에 없었습니다. 교묘하게 종교적인 삶을 통해서 재물을 얻고 누리는 삶의 길을 만들어 놓았습니다. 그렇지 않고 일반적인 평민으로서 살아가는 사람들은 그들이 구축해 놓은 종교의 길을 따라갈 수도 없게 되어 있었습니다. 사두개인들은 대놓고 세속주의자들이었습니다. 내세 자체를 믿지 않는 자들이었습니다. 그런 그들이 유대교의 양대 계파를 이루고 있었습니다.

여러분 이 모든 게 말이 됩니까? 세례 요한은 생전에 예루살렘에 발길

조차 하지 않았습니다.

　그들을 향해 요한의 입에서 무슨 말이 터져 나왔겠습니까? 그들의 그릇된 세계관에 대한 분노와 안타까움과 이스라엘 백성들을 어둠으로 덮고 있는 그들에 대한 회개의 요구가 터져 나온 것입니다.

　오늘 우리들은 동일하게 이 세상을 살아가고 있습니다. 우리는 어떤 세상을 추구하며 살아가고 있습니까? 목회자들은 어떤 세상을 추구하며 목회하고 있는가요? 교회는 어디를 향해 가고 있습니까? 우리는 광야로 나가서 세례 요한을 만나야 합니다. 그곳에 예수님이 오실 것이기 때문입니다.

마태복음 3:5-12

5. 이때에 예루살렘과 온 유대와 요단강 사방에서 다 그에게 나아와
6. 자기들의 죄를 자복하고 요단강에서 그에게 세례를 받더니
7. 요한이 많은 바리새인과 사두개인이 세례 베푸는데 오는 것을 보고 이르되 독사의 자식들아 누가 너희를 가르쳐 임박한 진노를 피하라 하더냐
8. 그러므로 회개에 합당한 열매를 맺고
9. 속으로 아브라함이 우리 조상이라고 생각지 말라 내가 너희에게 이르노니 하나님이 능히 이 돌들로도 아브라함의 자손이 되게 하시리라
10. 이미 도끼가 나무 뿌리에 놓였으니 좋은 열매 맺지 아니하는 나무마다 찍어 불에 던지우리라
11. 나는 너희로 회개케 하기 위하여 물로 세례를 주거니와 내 뒤에 오시는 이는 나보다 능력이 많으시니 나는 그의 신을 들기도 감당치 못하겠노라 그는 성령과 불로 너희에게 세례를 주실 것이요
12. 손에 키를 들고 자기의 타작 마당을 정하게 하사 알곡은 모아 곡간에 들이고 쭉정이는 꺼지지 않는 불에 태우시리라

세례 요한의 소문이 이스라엘 땅 전역에 퍼졌습니다. 5절은 사람들이 예루살렘과 온 유대와 요단강 사방에서 그에게 나왔다고 했습니다. 요한의 설교를 듣고 회개하는 사람들이 회개의 세례를 그에게 받았습니다.

바리새인과 사두개인들은 요한의 설교를 들으러 나오긴 했으나 그에게 세례를 받지는 않았습니다. 요한은 듣고 회개하고자 하는 사람들에게 세례를 주었습니다. 요한의 메시지 앞에서 하나님 앞에 죄를 회개하고 이제 그가 가르치는 교훈을 따라 살기를 결단하는 증표로 요한에 의해 침례를 받았습니다. 그것이 유대인의 정결 예식인 미크베와의 차이점이었습니다.

예수님은 제자들에게 복음이 전해지는 곳 에디에서나 세례를 베풀라고 명령하셨습니다. 이것은 하나님 앞에 죄를 자복하는 회개와 그리스도의

교훈에 복종하는 사람으로 거듭나겠다는 복종의 결단 의식입니다.

　신앙이란 무엇일까요? 하나님을 믿는다는 것, 예수를 믿는 교인이 된다는 것. 예수를 믿는 것은 무슨 절을 몇 번 하고 무슨 날 무슨 제사를 드리고 하는 종교가 아닙니다. 예수를 믿는다는 것은 예수의 교훈을 따르는 것입니다. 살아 계신 하나님을 종교적으로가 아니라 인격적으로 경배하는 것입니다.

　따라서 기독교 신앙을 가졌다는 것은 예수 그리스도의 말씀 앞에 회개하고 그 약속과 교훈을 따라 복종하는 삶을 사는 것을 뜻합니다.

　내가 믿음을 가졌다는 것은 내가 주도권을 가진 신념이나 행위를 뜻합니다. 신앙은 내가 믿으면 신자가 되는 게 아니라 나를 받아 주셔야 거기에 속해지는 것입니다. 물론 나의 결단이 당연히 있어야지요. 많은 사람이 자기가 믿으니까 기독교인인 줄로 생각합니다. 자기가 믿었으니까 천국에 들어갈 거라고 이미 자기 생각으로는 천국 사람이 되어 있는 경우를 많이 봅니다.

　아닙니다. 세상 종교는 그럴지 몰라도 기독교는 그런 의미에서는 종교가 아닙니다. 신앙은 가지는 사람 맘이지만 하나님의 백성은 하나님께서 받아 주셔야 백성이 되는 것입니다.

　그 입문의 결단과 의식이 바로 요한의 세례, 예수님의 세례였습니다.

　세례는 첫 입문에 해당하는 것입니다. 물론 오순절 이후에는 복음을 받은 사람들에게 성령이 먼저 임하신 예도 있습니다만 이때도 사도들은 그 즉시 그 사람들에게 세례를 받게 하였습니다.

　이처럼 당시에 사람들이 요한에게 와서 자기들의 죄를 자복하고 세례를 받았습니다. 이것을 이해하는 것이 매우 중요합니다. 이것이 신앙의 의미입니다. 그들은 그 이후로는 요한의 제자라고 말할 수도 있었습니다. 요한의 가르침을 따라 살기로 결단하고 그 교훈의 공동체, 그 신앙의 공동체 안에 들어왔기 때문입니다. 다시 말하지만 이 개념을 이해하는 것이 중요합니다.

후에 요한은 "내 뒤에 오시는 이는 나보다 능력이 많으시니 나는 그의 신을 들기도 감당치 못하겠노라 그는 성령과 불로 너희에게 세례를 줄 것이요"라고 말씀했습니다. 여기서 요한은 직접 세례라는 용어를 사용했습니다.

세례라는 말입니다. 그것은 예수의 공동체 그의 나라에 속해지는 입문인 것입니다. 예수님은 요한복음 3장에 니고데모에게 네가 물과 성령으로 나지 아니하면 하나님 나라에 들어갈 수 없다고 말씀하셨습니다. 그리고 사도행전에 회개하고 세례를 받는 사람들에게 성령이 임하셔서 말씀하신 그대로 물과 성령으로 세례를 받는 역사들이 성취되기 시작했습니다. 할렐루야!

요한의 교훈은 준비였습니다. 구원의 완성은 예수님이 뒤에 오셔서 선포하기 시작하신 것입니다. 그것은 이사야가 예언했던 대로 요한의 사명이었습니다. 이스라엘 백성들에게 왕이 오실 길을 예비하는 것이었습니다.

여러분 교회에 들어와서 예수 믿기로 하고 교회에 다니면 여러분이 하나님의 백성 되는 게 아닙니다. 신앙의 시작은 회개로부터입니다. 주의 말씀을 듣고 자기 죄를 깨달아 회개하고 돌이켜 주의 말씀하신 길로 인생의 전환을 이루며 나아가는 회개와 회개에 합당한 열매를 맺어야 신앙에 들어오는 것입니다.

교회 의식을 따라 세례를 받는 사람은 많으나 형식으로 끝나서는 소용없습니다. 세례받은 교인들 중에 진정으로 회개하지 않은 사람들이 적지 않기 때문입니다. 그러므로 내가 받은 세례가 제대로 받은 것인지는 성령으로, 불과 성령으로 세례를 받아야 아는 것입니다. 성경에는 그렇게 말씀했습니다. 그리고 초대 교회는 반드시 그러했습니다. 그리고 역사상 교회의 성도들이 그 말씀을 그대로 체험해 왔습니다.

성령으로 세례를 받은 사람이 예수님이 말씀하신 거듭난 사람입니다. 하나님의 말씀은 한 점 오류가 없습니다. 자기 상태를 기준으로 성경을 꿰어 맞추려니까 이론이 일어나는 것입니다. 그리스도 예수의 사람들은 죄를 짓지 아니한다는 말씀이 무얼 의미하는지 모르는 사람은 거듭나지 않은 사람입니다.

예수를 믿으면서도 범죄 하고 사람들을 속이고 기만할 수 있는 사람들은 회개를 모르는 사람입니다. 그들은 성령의 불이 아니라 다른 불에 처해질 사람들인 것입니다. 12절에는 예수님이 주시는 또 다른 불에 대해 이어서 말씀합니다. "손에 키를 들고 자기의 타작마당을 정결케 하사 알곡은 모아 곡간에 들이고 쭉정이는 모아 꺼지지 않는 불에 태우시리라"

참된 회개! 오늘날 가장 결여되어 있는 메시지입니다. 그래서 마지막 심판 날에 많은 목사들과 교인들이 떠내려 갈 것입니다. 오늘 요한의 세례라는 주제를 묵상하고 이것은 예수님의 세례의 전신이요, 예비함이었다는 것을 이해하며 성령과 불로 세례를 받은 성도들이 되시기를 기원합니다.

마태복음 3:13-17

13. 이 때에 예수께서 갈릴리로서 요단강에 이르러 요한에게 세례를 받으려 하신대
14. 요한이 말려 가로되 내가 당신에게 세례를 받아야 할 터인데 당신이 내게로 오시나이까
15. 예수께서 대답하여 가라사대 이제 허락하라 우리가 이와 같이 하여 모든 의를 이루는 것이 합당하니라 하신대 이에 요한이 허락하는지라
16. 예수께서 세례를 받으시고 곧 물에서 올라 오실쌔 하늘이 열리고 하나님의 성령이 비둘기 같이 내려 자기 위에 임하심을 보시더니
17. 하늘로서 소리가 있어 말씀하시되 이는 내 사랑하는 아들이요 내 기뻐하는 자라 하시니라

마침내 예수님께서 요단강에 세례 요한에게 나타나셨습니다.

예수님조차도 인자로 오셔서 30년 동안 존재감 없이 자기 곳에서만 은혜의 사람으로 살면서 묻혀 지내셨습니다. 하나님의 때에 하나님의 의를 이루시기 위하여 이때에 나타나신 것입니다.

주님의 그 30년 동안의 삶은 이때를 기다리기 위한 지루하고 답답한 삶의 시간들이었을까요? 그거 하나 때문에 왔는데 유대인의 왕이요 하나님의 아들이신 예수님이 30년 동안 그 목적만 생각하고 유년기 청년기를 보내며 살아오신 걸까요? 만일 그랬다면 그 기나긴 기다림의 시간은 그분에게 무슨 의미가 있었을까요? 살아 있는 무덤과 뭐가 다를까요? 지금 내가 살아가는 시간이 원래 내 목적의 시간은 아닌데 말입니다.

그래서 저는 그렇게 생각하지 않습니다. 주님은 그 시간 시간의 현재를 충실한 목적과 사랑으로 충만한 성실로 충만한 삶을 사셨는 줄 믿습니다. 그러다 어느 날인가 하나님의 부르심을 듣고 자신의 사명의 때를 깨닫고 확신하셨을 때에 요단강으로 내려오신 것입니다.

세례 요한은 어느 날 하나님의 명령을 깨닫고 자기 자리를 박차고 나와서 광야에서 사람들에게 하나님 나라의 도래를 외치고 회개의 세례를 주었습니다. 그때가 그의 나이 약 30세 되어 갈 무렵이었습니다. 그리고 성경은 그것이 요한이 이 세상에 온 목적이었고 그는 엘리야의 심령으로 이스라엘에 찾아온 선지자였으며 주의 길을 예비할 목적으로 하나님께서 전부터 예언하시고 준비하셨던 인물이었다고 요한의 의미를 말씀합니다.

그러나 그때는 요한의 나이 삽십 세 무렵의 일입니다. 요한이 언제 자신의 목적을 깨우쳤는지는 알 길이 없습니다. 그러면 역시 그때 이전의 요한의 삶은 무의미한 기다림의 시간이었을까요? 답답하고 지루하며 기약 없는 세월을 광야의 먼지 속에서 어떻게 살아왔을까요? 그의 목적이 이거였는데 그 이전의 삶은 그 목적과 동떨어진 삶이 아니었습니까? 준비의 시간이었다고 사람들은 말합니다. 무슨 준비요? 세례 요한이 세례 요한이 되어야 한다는 목적을 가지고 준비라도 해 왔다는 말입니까? 요한은 언제 자기의 사명을 깨달았을까요? 우리는 넘겨짚고서 준비의 시간이니 뭐니 함부로 예단하지 말아야 합니다. 성경은 깨달아지기까지는 성경인 채로 그저 들여다보는 것이 먼저입니다.

저의 생각은 요한은 어느 날 깨달은 것이고 어느 날 하나님의 계시를 받은 것입니다. 그 즉시로 요한은 광야에 등장해서 외치기 시작한 것입니다. 요한의 불같은 성격상 요한에게 그 계시가 미리부터 주어졌을 가능성은 희박합니다. 그는 엘리야의 심령을 가진 자였다고 성경이 말씀하기 때문입니다. 그는 그때서야 자신의 목적을 깨달은 것입니다.

그 이전까지는 요한도 예수님도 유대 광야와 갈릴리에서 요하난으로서, 또 예슈아로서 그에게 주어진 현재를 충실한 사랑과 성실로 행복하게 살아가셨던 것입니다. 그날의 의미로써 행복한 겁니다. 내일의 목적 때문에 오늘이 무의미하고 불행한 것이 아니었습니다. 예수님이 산상수훈에서 입을 열어 처음 하신 말씀이 "심령이 가난한 자는"이라는 말씀이었습니다. "복이 있나니, 천국이 저희 것임이요"

제가 과거 어느 날부턴가 마음에 이 말씀이 깨달아지기 시작했습니다. 내 인생의 목적으로부터 완전히 떨어져 있었고, 목사로서의 삶의 의미, 사역의 의미를 찾으려 했지만 내가 그리던 삶은 점점 더 구름 위로, 저 하늘 은하수 위로 멀어져만 가고 있었습니다.

어느 날인가 나는 오늘이 너무 감사하고 행복하다는 것을 깨달았습니다. 오늘 내 아이들이 너무나 사랑스럽고, 오늘 내게 먹을 밥을 주셨고, 오늘은 오늘의 의미가 있는 것입니다. 오늘의 성실과 오늘의 경외함으로 오늘의 의미를 채워 가기에 행복한 것입니다.

세례 요한이 위대한 일을 꿈꾸며 인고의 시간을 광야에서 불태운 야망의 사나이처럼 보이십니까? 기회가 되면 유대 광야를 한번 직접 가 보시기 바랍니다. 거기서 꿈이 꾸어지나.

유대 광야는 마음을 비운 자에게는 하나님을 만날 수 있는 경건한 장소요 그렇지 못한 사람에게는 한 주도 버틸 수 없는, 정말 아무것도 없고 아무것도 없는 곳입니다.

사랑하는 여러분 내 삶의 의미는 내일에 있지 않고 오늘에 있습니다.

저는 오래된 복음 성가 중 안이숙 씨의 '내일 일은 난 몰라요'라는 찬양을 참 좋아합니다. '하루하루 살아요' 라는 고백이 있습니다.

광야에 요단강 가에 비슷한 두 사람이 만났습니다. 한 분은 예슈아, 한 분은 요하난이었습니다. 그들은 각기 다른 장소에서 비슷한 세월을 살아 왔습니다. 성경의 모든 극적인 만남의 장면 중에서 가장 감격적이고 빛나는 만남의 장면이 이 만남이 아닐까 싶습니다.

요한은 한눈에 예수님을 알아보고 그 앞에 무릎을 꿇습니다. "내가 당신에게 세례를 받아야 할 터인데 당신이 내게로 오시나이까" 평민의 옷을 입고 오셨으나 왕을 알아본 선지자의 모습입니다. 그러나 예수님은 요한에게 말씀하셨습니다. "이제 허락하라 우리가 이와 같이 하여 모든 의를 이루는 것이 합당하니라" 나도 이제 시작하는 거야.

예수님은 요한에게 "우리가"라고 말씀하셨습니다. 얼마나 영광스럽습니까? 이 말씀으로써 요한이 어떤 사람인가를 인정하시고 그의 삶의 가장 빛나는 의미가 성취된 것입니다. 요한은 자기의 삶의 의미가 완성된 줄을 알았을 겁니다. 지극히 높으신 하나님의 아들, 왕 중의 왕이신 분의 몸을 자기 손으로 물에 담가 세례를 베풀어 드렸습니다.

나의 평생의 삶의 추구를 통해서 예수님에게 "우리가"라는 말씀을 들을 수만 있다면 나의 삶은 가장 영광스럽고 나의 모든 수고와 인내와 눈물들이 의미 있어질 것입니다.

마태복음 4:1-11

1. 그 때에 예수께서 성령에게 이끌리어 마귀에게 시험을 받으러 광야로 가사
2. 사십 일을 밤낮으로 금식하신 후에 주리신지라
3. 시험하는 자가 예수께 나아와서 가로되 네가 만일 하나님의 아들이어든 명하여 이 돌들이 떡덩이가 되게 하라
4. 예수께서 대답하여 가라사대 기록되었으되 사람이 떡으로만 살것이 아니요 하나님의 입으로 나오는 모든 말씀으로 살 것이라 하였느니라 하시니
5. 이에 마귀가 예수를 거룩한 성으로 데려다가 성전 꼭대기에 세우고
6. 가로되 네가 만일 하나님의 아들이어든 뛰어내리라 기록하였으되 저가 너를 위하여 그 사자들을 명하시리니 저희가 손으로 너를 받들어 발이 돌에 부딪히지 않게 하리로다 하였느니라
7. 예수께서 이르시되 또 기록되었으되 주 너의 하나님을 시험치 말라 하였느니라 하신대
8. 마귀가 또 그를 데리고 지극히 높은 산으로 가서 천하 만국과 그 영광을 보여
9. 가로되 만일 내게 엎드려 경배하면 이 모든 것을 네게 주리라
10. 이에 예수께서 말씀하시되 사단아 물러가라 기록되었으되 주 너의 하나님께 경배하고 다만 그를 섬기라 하였느니라
11. 이에 마귀는 예수를 떠나고 천사들이 나아와서 수종드니라

예수님께서 세례를 받으신 후에 성령에게 이끌리어 광야로 나가셨습니다. 그런데 그 목적이 "마귀에게 시험을 받으러"였다고 1절에 말씀했습니다. 성령에게 이끌려서 나간 길이 마귀에게 시험을 받기 위한 길일 수도 있음을 깨닫습니다. 하나님은 우리를 친히 시험하지 않으신다 말씀했지만 필요한 시험은 통과하도록 섭리하시는 것입니다. 이는 또한 우리에게 당하는 마귀의 시험조차도 성령님의 통제하에 있다는 사실을 알 수 있는 대

목입니다. 그러므로 시험에 지는 것은 마귀 때문이 아니라 내가 유혹에 패한 것이고 내가 유혹을 택하는 선택을 한 것입니다. 마귀는 절대로 우리에게 유혹을 강제로 떠안기지 못합니다. 앞에서 흔들 뿐입니다. 그런데 인간은 그 유혹에 스스로 손을 내밉니다. 하와가 자기 손을 선악과 나무에 뻗쳐서 자기 손으로 그것을 가져다가 입에 넣었습니다. 그러므로 시험에 스스로 지는 일이 없으시기 바랍니다.

예수님은 먼저 사십 일 동안 하나님께 금식하며 기도하셨습니다. 우리는 여기서 예수님을 사람으로 보아야 합니다. 하나님의 아들로 이 땅에 오셨지만 이 땅에서 사람의 아들 즉 인자라고 스스로 칭하셨을 만큼 주님은 철저히 사람이셨습니다. 주님은 사람으로서 사십 일을 금식하신 것입니다.

생명을 걸고 이제부터 시작될 새로운 시간들, 살아가는 삶이 아니라 하나님의 사역으로서의 시간을 사시기 위해 기도의 시간을 먼저 가지셨습니다. 기도를 마치셨을 때에 마귀가 예수님께 찾아왔습니다. 그리고 예수님께 첫 번째 시험을 던졌습니다.

"네가 만일 하나님의 아들이어든 이 돌들이 떡덩이가 되게 하라" 돌을 떡으로 만들라고 한 자체는 중요한 말이 아닙니다. 돌을 금으로 만들라고 요구했을 수도 있고 흙을 고기로 만들라고 했을 수도 있습니다. 마귀가 첫 번째로 시험하고자 한 것은 예수님의 정체성에 대한 의심, 인간으로 이때까지 살아온 예수가 자기가 하나님의 아들이라는 사실을 과연 확신하고 있는지 자기 정체성에 대한 시험을 한 것입니다.

정말 하나님의 아들이라면 돌을 떡 덩이로 만드는 일은 너무 하찮은 일입니다. 차라리 산을 옮기라고 하는 게 좀 하나님의 아들답죠. 마귀에게 놀아나는 것입니다. 그 자체가 하나님의 아들로서의 영광에 흠집이 나는 겁니다. 성동격서라고 하지요, 동쪽에서 북을 치고 서쪽을 친다는 기만전술입니다. 마귀는 대개 이런식입니다. 한번 흠을 잡으면 끝까지 그걸 가지고 예수님의 하나님의 아들의 정체성을 흔들고 물고 늘어졌을 것입니다.

그런데 예수님은 과연 달랐습니다. 마귀의 궤계에 놀아나지 않으셨습니다. "사람이 떡으로만 살 것이 아니요 하나님의 입으로 나오는 모든 말씀으로 살 것이니라" 하신 신명기의 율법으로써 마귀의 요구를 물리치셨습니다. 같은 차원에서 대결하지 않으시고 가장 높은 하나님의 말씀의 차원으로 대응하신 것입니다. 마귀 패배.

마귀는 다시 예수님을 거룩한 성으로 데려다가 성전 꼭대기에 세우고 또 요구합니다. "네가 만일 하나님의 아들이어든 뛰어내리라, 기록하였으되 저가 너를 위하여 그 사자들을 명하시리니 저희가 그 손으로 너를 받들어 발이 돌에 부딪지 않게 하리로다 하였느니라" 이제는 마귀도 자기 차원을 높여서 하나님의 말씀으로 시험을 합니다. 역시 예수님의 정체성을 흔드는 질문을 멈추지 않습니다. 그러면서 하나님의 아들이라면 이 말씀을 증명하라면서 하나님의 말씀까지 증명할 것을 요구합니다. 그런데 여러분, 예수님이 하나님의 아들일지라도 마귀에게 대답하고 증명해 보일 이유가 있습니까? 마귀가 의심하면 마귀의 문제이지 예수님께서 그에게 내가 하나님의 아들 맞다고 증명해 줄 이유가 없는 것입니다.

더욱이 하나님의 말씀까지 인용하면서 그 말씀을 증명하라고 시험했습니다.

하나님의 말씀은 믿는 것이지 증명하고 시험하는 것이 아닙니다. 정말 떨어질 일을 당하게 된다면 하나님께서 떨어지는 발이 다치지 않도록 붙잡아주실 것입니다. 하나님의 말씀은 믿는 사람이 체험하는 것이지 그 말씀을 확인하고 싶어서 절벽에서 뛰어내리는 것은 부서져 죽는 길이 될 것입니다. 말씀이 그런 사람에겐 역사하지 않습니다. 그는 믿음이 아니라 시험 즉 의심을 가지고 뛰었기 때문입니다.

예수님은 마귀에게 "또 기록되었으되 주 너의 하나님을 시험치 말라 하셨느니라"라고 대답하셨습니다. 마귀가 인용한 시편 91편 12절 말씀 바로 뒤 13절에는 "네가 사자와 독사를 밟으며 젊은 사자와 뱀을 발로 누르리로다"라고 기록되어 있습니다. 마귀는 절대로 그 다음 절을 입에 담지 않았지요. 할렐루야! 간악한 마귀에게 예수님의 대답은 곧 13절의 결과를 가져다준 것입니다.

마귀가 자기 시험이 안 먹히자 이번엔 예수님을 높은 산으로 데리고 가서 천하만국과 그 영광을 예수님께 보이며 마지막 진짜를 꺼내 승부를 지으려 하였습니다. "만일 내게 엎드려 경배하면 이 모든 것을 네게 주리라" 이것 찾으러 온 것이니 장차 제자에게 배신당해 십자가에 달려 죽는 처참한 고통을 당하고 3년을 온갖 고생하며 그렇게 죽음까지 치르고 할 것 없이 그냥 내게 엎드려 경배하면 한 번에 이 모든 걸 다 넘겨주겠노라고 마귀가 요구한 것입니다. 그걸 잡는 목사들이 있습니다. 그걸 잡는 바보들이 많습니다. 오랜 시간 고생하고 그러고도 사실 어떻게 될지 확신할 수는 없는데 이걸 한 번만 잡으면 그런 과정 필요 없이 한 번에 올라갈 수가 있다고 하니까 눈 질끈 감고 잡는 목사 성도들이 적지 않습니다.

그 한 번에 자기 영혼은 마귀에게 팔아먹은 것인 줄 깨달아야 합니다. 나는 이런 사례를 적지 않게 기억하고 있습니다. 사탄의 독배를 마신 인생들이 참 많습니다. 그리고 그 결과는 원하는 것을 손에 넣기는 했지만 나머지 모든 것을 무엇보다 영적인 생명을 마귀에게 완전히 갖다 바친 꼴이 되어 버린 것입니다. 그것을 되찾는 길은 영원히 없거나 혹여나 몇 배로 더 길고 고통스럽고 그러도고 보장할 수 없는 줄로만 아시면 됩니다.

"사단아 물러가라, 기록되었으되 주 너의 하나님께 경배하고 다만 그를 섬기라 하였느니라" 단호하신 예수님의 말씀 선포로 마귀는 물러가고 말았습니다. 이제 철저히 예수님을 공격하러 물러갔을 것입니다. 여러분, 천국의 길을 가려거든 각오해야 합니다. 세상 방법, 마귀의 길이 아닌 오직 하나님의 길을 택함으로써 십자가의 길, 십자가의 방법으로만 끝까지 정직하게 나아가는 것입니다. 그러면 그 길에 하나님의 가장 충만한 은혜가 있으며 그 길의 끝은 영생의 하나님 나라로 들어가게 되는 것입니다. 할렐루야! 마귀와의 싸움에 승리하시길 기원합니다.

마태복음 4:12-22

12. 예수께서 요한의 잡힘을 들으시고 갈릴리로 물러 가셨다가
13. 나사렛을 떠나 스불론과 납달리 지경 해변에 있는 가버나움에 가서 사시니
14. 이는 선지자 이사야로 하신 말씀을 이루려 하심이라 일렀으되
15. 스불론 땅과 납달리 땅과 요단강 저편 해변 길과 이방의 갈릴리여
16. 흑암에 앉은 백성이 큰 빛을 보았고 사망의 땅과 그늘에 앉은 자들에게 빛이 비취었도다 하였느니라
17. 이때부터 예수께서 비로소 전파하여 가라사대 회개하라 천국이 가까왔느니라 하시더라
18. 갈릴리 해변에 다니시다가 두 형제 곧 베드로라 하는 시몬과 그 형제 안드레가 바다에 그물 던지는 것을 보시니 저희는 어부라
19. 말씀하시되 나를 따라 오너라 내가 너희로 사람을 낚는 어부가 되게 하리라 하시니
20. 저희가 곧 그물을 버려 두고 예수를 좇으니라
21. 거기서 더 가시다가 다른 두 형제 곧 세베대의 아들 야고보와 그 형제 요한이 그 부친 세베대와 한가지로 배에서 그물 깁는 것을 보시고 부르시니
22. 저희가 곧 배와 부친을 버려두고 예수를 좇으니라

예수님께서 마귀의 모든 시험을 이기시고 내려오셨을 때에 요한이 잡혔다는 소식을 들으셨습니다. 요한은 자기 사명의 클라이맥스를 완수하고는 간악한 헤롯 안티파스에게 잡혀서 순교를 당하게 됩니다. 헤롯 안티파스는 예수님이 여우라고 칭하셨을 만큼 간악한 자였습니다.

헤롯 아켈라오가 유대의 왕이었고 안티파스는 갈릴리와 베레아를 통치한 왕이었습니다. 아켈라오는 유대와 사마리아의 왕이었는데 얼마나 악행을 일삼았는지 백성들이 황제에게 호소하여 로마 황제에 의해 폐위당하고

비엔나로 유배되어 버립니다. 그리고 유대와 사마리아의 빈자리에 직접 로마 총독이 부임하여 통치하게 되는데 예수님을 심판했던 빌라도가 존재하게 된 연유입니다.

헤롯 안티파스는 그런 와중에 황제에게 아첨해야 할 필요를 느꼈겠지요. 그래서 그는 갈릴리의 가장 아름다운 수도에 로마 황제 티베리우스의 이름을 딴 도시를 건설하여 티베리아라고 명명해 헌정합니다. 그러자 그 동생 빌립은 단 지역의 북부 도시에 황제인 시저의 이름을 붙여 가이사랴 빌립보라 명명하여 도시 이름을 헌정합니다. 당시 로마 식민지였기 때문에 황제에게 충성심을 표하여 권력을 보존하려 했던 것입니다.

따라서 예수님께서는 갈릴리에 올라가 사실 때에 가장 번화하고 아름다운 수도인 티베리아를 피해 다음으로 큰 성읍인 가버나움에 터를 잡고 사역하셨습니다. 이 헤롯 안티파스가 나중에 예수님이 잡히셨을 때에 유대까지 내려와서 예수님을 심문하며 참견했던 자였습니다.

나중에 예수님께서 부활 승천하신 후에 교회를 치고 박해를 가하다가 백성들 앞에 한껏 자기를 높이다가 하나님의 천사가 그를 쳐서 충이 먹어 죽어 버립니다.

세례 요한부터 많은 하나님의 성도들을 죽이고 핍박한 여우 안티파스의 최후는 권불십년이라 했던가요, 그로부터 십년이 안돼서 충이 먹어, 즉 무슨 기생충에 걸려 육체가 짧은 기간에 썩어서 죽은 것입니다.

이 헤롯이 요한을 잡아 가두었습니다. 이 세상에선 불합리한 일이 빈번히 일어납니다. 자격 없는 자가 권세와 부를 얻고 의롭고 선한 사람들이 핍박과 고통을 당하고 억울하게 죽기도 합니다. 이 세상은 의롭지 않습니다. 아담의 타락 이후로 세상엔 의와 합리성 대신에 불의와 사악함이 지배력을 가지고 역사합니다.

의의 왕께서 이 세상을 심판하시고 영원한 그의 나라가 이루어지기까지는 이 세상은 거짓과 불의가 지배합니다. 그러나 사람들의 마음에 의를 원하는 것을 알기에 지도자들마다 자기들이 정의롭고 참된 지도자라고 선전합니다.

그럼에도 하나님께서 세우신 지도자들이 잠깐씩 일어나곤 합니다. 그것은 세상 역사의 균형을 맞추기 위한 것입니다. 하나님의 때가 차기까지는 이 세상이 보존되어야 하기 때문입니다. 이제 때가 다 된 줄로 압니다. 이 마지막 때에 특별히 우리나라에 현명하고 의로운 참된 지도자가 다시 나타나기를, 아니 처음으로 한 번이라도 허락해 주시기를 간구합니다. 건국 이래로 우리는 이러한 지도자를 가져 보지 못했습니다. 우리는 하나님께 이 간절함으로 간구해야 합니다.

가버나움에 자리를 잡으신 예수님께서 회개하라 천국이 가까웠다고 복음을 증거하기 시작하셨습니다. 마태복음은 세례 요한의 마지막 사연을 상세하게 적지 않았습니다. 또 베드로 형제 요한 형제를 부르신 장면이 함께 간략히 기록되어 있습니다. 다른 복음서에서 나머지 상세한 장면들을 살펴볼 수 있습니다. 마태복음은 철저하게 왕이신 예수님께 집중하고 있습니다.

나머지는 다 그분의 종들일 뿐입니다. 왕의 이야기를 기술하고 있는데 종들의 이야기가 구구절절 들어가서는 안 되는 것입니다. 모든 이야기가 예수님을 중심으로 기술되고 있습니다. 인자, 즉 사람의 아들로 오신 예수님을 마태는 만왕의 왕이요, 유대인의 왕으로서 우러러보며 그분의 행적과 어록을 서술한 것입니다.

안드레와 베드로가 예수님의 부름을 받았을 때에 그들은 그물을 버려

두고 예수님을 좇았습니다. 또 야고보와 요한이 그 부친과 함께 배에서 그물을 깁다가 예수님의 부름을 받자 곧 배와 부친을 버려두고 예수를 좇았더라고 기록하고 있습니다. 일상적으론 이해할 수 없는 장면입니다. 그런데 이게 당연한 장면이어야 하는 경우가 단 두 경우가 있습니다. 신이 부르시든가 왕이 부르시든가 할 때입니다. 그럴 때는 이렇게 되는 장면이 지극히 맞습니다.

그런데 마태는 네 명의 제자를 부르실 때에 그들이 이렇게 즉시로 모든 것을 버려두고 예수님을 좇는 장면을 기록하고 있습니다. 그분은 왕이시고 또한 하나님의 아들이시라는 사실을 제자들이 되는 장면을 통해서도 증거하고 있는 것입니다. 마태의 기록은 진실하고 치밀합니다. 그러므로 제자들은 일반적인 랍비를 따르는 제자가 된 것이 아니라 왕이시며 하나님의 아들이신 분을 따르는 제자가 된 것입니다. 적어도 이 네 명의 수제자 그룹은 그러했습니다.

오늘 우리가 믿고 따르는 분은 유대인의 왕이시자 만왕의 왕 곧 우리의 왕이십니다.

또 우리가 믿고 따르는 분은 유일하신 하나님의 독생자이신 태초부터 하나님과 함께 계시던 창조자이십니다. 여러분의 믿음을 굳건히 하시기 바랍니다.

또 왕을 따르는 자요 신의 종들이 된 자로서의 영광과 단호함을 갖추시기 바랍니다. 이 세상은 불합리하고 부당합니다. 그 안에서 우리는 하나님의 능력을 힘입어 우리의 사명을 완수해 나가는 것입니다. 이 모든 일이 완수되기를 날마다 기도하시기 바랍니다.

마태복음 4:23-25

23. 예수께서 온 갈릴리에 두루 다니사 저희 회당에서 가르치시며 천국 복음을 전파하시며 백성 중에 모든 병과 모든 약한 것을 고치시니
24. 그의 소문이 온 수리아에 퍼진지라 사람들이 모든 앓는 자 곧 각색 병과 고통에 걸린 자, 귀신 들린 자, 간질하는 자, 중풍병자들을 데려오니 저희를 고치시더라
25. 갈릴리와 데가볼리와 예루살렘과 유대와 요단강 건너편에서 허다한 무리가 좇으니라

예수님의 사역의 시작은 갈릴리였습니다. 주님은 갈릴리 지역에서 복음을 전파하셨고 병자들을 고치시면서 사역을 펼치기 시작하셨습니다.

23절에 "예수께서 온 갈릴리에 두루 다니사 저희 회당에서 가르치시며 천국 복음을 전파하시며 백성 중에서 모든 병과 모든 약한 것을 고치시니"라고 기록되었습니다.

예수님은 회당에서 말씀을 가르치셨습니다. 지금도 갈릴리 고대 도시 지역에는 옛날의 회당 자리들이 유적지로 발굴되거나 보존되어 있습니다. 개중에는 나중에 교회터로 변모하여 혼합된 유적지가 나타나기도 합니다만 이처럼 갈릴리 여러 지역마다 각 지역의 회당이 존재하고 있었다는 성경의 기록이 사실인 것을 확인할 수 있습니다. 고고학적인 연구 자료를 보면 고대 유대인 공동체가 있던 곳은 이스라엘뿐만 아니라 그리스와 소아시아 전 지역과 유럽 지역에까지 유대인들의 회당이 존재했다는 사실을 확인할 수 있습니다.

이 회당은 유대인들의 신앙과 삶을 하나님의 율법과 계명을 중심으로 하나의 신앙과 하나의 종교적 질서로 다스려지는 유대 민족의 정체성과 생존 유지를 위해 필연적으로 존재하게 된 유대인들만의 고유의 장소였습

니다. 그러므로 유대인의 회당은 사실상 기독교의 복음과는 전혀 이질적인 곳입니다. 그런데 아이러니하게도 초창기 교회 시대에 복음은 유대인의 회당을 교량으로 삼아 또는 회당에서 직접 전해지기 시작했습니다.

그 시초는 바울이 아니라 바로 예수님이셨습니다.

예수님께서는 그처럼 갈릴리 온 지역을 다니시면서 각 마을의 회당에서 복음을 가르치셨습니다.

훗날 회당으로부터 박해를 받은 예수교인들은 회당과 크게 다르지 않은 그들만의 메시아닉 그리스도의 회당을 형성하게 되는데 이것이 오늘날 교회당의 시초입니다. 그런 초기 모습들이 사도행전과 서신서들에 나타나 있습니다. 또 계시록에는 예수님께서 소아시아의 일곱 교회에 직접 전달하라 하신 주님의 편지 내용에도 기록되어 있습니다. 그 도시들에는 어김없이 유대인의 회당이 존재했던 것으로 밝혀졌습니다. 따라서 소아시아 일곱 교회는 각 지역에서 그 회당들의 아웃사이드에 별도로 독립하여 크게 성장한 공동체로 존재했었음을 이해할 수 있습니다.

교회는 당시 사람들의 삶의 현장과 동떨어져서 시작되지 않았습니다. 그들의 삶의 현장, 신앙의 현장에서 복음이 전파되고 하나님의 말씀을 가르치기 시작한 것입니다.

오늘 우리 기독교회의 DNA의 원형은 유대인의 회당 공동체와 회당 예배에 있음을 이해해야 합니다. 원형을 인식하고 있는 것이 중요한 까닭은 적용과 발전에 있어서 가지가 줄기를 벗어나면 안 되는 것과 같고 줄기가 아무리 성장하고 형태가 달라진다 해도 뿌리를 떠나서 줄기만의 또는 가지만의 독립적인 모양을 갖는다는 것은 곧 생명이 끊어진 꽃꽂이와 같은 것입니다. 보기에는 당장 좋아 보일지라도 생명이 끊어진 꽃꽂이 꽃 줄기는 한 주 만에 시들어 버리는 것입니다.

이것은 선교학적으로도 중요한 주제입니다. 신약 시대의 회당 공동체는 환상적인 평화와 이상주의적인 범세계적 하나 됨 같은 것을 추구하지 않았습니다. 회당 공동체는 매우 현실적인 지역 공동체였습니다. 그 안에서 서로를 돌보고 한 경전의 가르침을 따르는 구체적인 신앙과 삶의 공동체이자 네트워크였습니다. 하물며 종교 다원론적인 모호한 신앙은 더욱더 아니었습니다. 그들은 아브라함과 이삭과 야곱의 하나님, 모세와 엘리야의 하나님을 분명하게 믿었던 유일신 신앙 공동체였습니다. 회당은 교회의 본질적 속성을 가르쳐 주는 매우 중요한 지표가 되는 것임을 알 수 있습니다.

따라서 예수님께서는 마을의 회당에 들어가셔서 바리새인들이 잘못 해석해 놓은 것들과 미처 깨닫지 못하고 있던 천국에 대한 복음을 그들이 가지고 있던 성경 두루마리를 읽으시면서 가르치시고 전파하셨습니다.

또 예수님은 회당뿐만 아니라 잠시 머무시는 곳에서도 전도를 쉬지 않으셨습니다. 식사하시는 자리에서도 복음을 말씀하셨습니다. 우리는 천국 복음으로 가득 차 계신 예수님의 모습을 복음서에서 만나 볼 수 있습니다.

오늘 우리는 모두 주의 사명을 이어받은 제자들입니다. 우리 주님과 사도들이 그랬던 것처럼 오늘 우리도 우리의 마음과 입술에 천국의 복음이 가득 차 있어야 마땅한 줄 믿습니다. 우리의 입을 열면 천국의 복음이 증거되어야 하고 우리가 머무는 자리에서마다 하나님의 진리의 말씀이 가르쳐지고 증거되어야 합니다.

그러므로 먼저 우리는 우리 마음에 천국의 복음이 체험되어야 합니다. 그 구원의 은혜가 우리 마음에 항상 충만해야 합니다. 사람은 마음에 가득한 것을 입으로 낸다고 성경에 말씀하였습니다. 여러분은 입만 열면 무엇을 주로 말씀하시는가요? 입만 열면 돈 돈 하는 사람은 성경대로 하면 그 마음에 돈이 가득하기 때문입니다. 돈은 주머니에만 가득하시기 바랍니다. 우리의 마음엔 천국이 가득해야 합니다. "너희는 먼저 그의 나라와 그의 의를 구하라 그리하면 이 모든 것을 너희에게 더하시리라"고 주님 말씀하셨습니다.

  또 주님께서는 복음을 말씀으로만 아니라 하늘의 권능을 베푸시면서 함께 증거하셨습니다. 기적과 표적을 베푸신 것입니다. 이로써 영적인 세계와 인간이 살아가는 육적인 세계를 이어주는 통로와도 같은 효과로 사람들의 마음과 눈을 열어 주었습니다. 권능은 이렇게 복음 사역에 중요한 요소입니다. 오늘 이 시대에 우리에겐 하나님의 권능이 절실히 필요합니다. 우리의 믿음과 주의 이름으로 나타내시는 권능으로 더욱 역사해 주시기를 간절히 기도합시다.

마태복음 5:1-3

1. 예수께서 무리를 보시고 산에 올라가 앉으시니 제자들이 나아온지라
2. 입을 열어 가르쳐 가라사대
3. 심령이 가난한 자는 복이 있나니 천국이 저희 것임이요

갈릴리에서 이미 많은 사람들이 예수님께 나아왔습니다. 예수님의 말씀과 병 고쳐 주시는 능력이 삽시간에 온 갈릴리 지역과 수리아 지역까지 퍼져 나갔기 때문입니다. 수리아는 갈릴리 호수 동북쪽의 지금의 시리아 지역과 당시에 데가볼리 지역들을 일컫는 용어입니다.

사람들이 많아지자 예수님께서 적당한 때를 잡아 그중 한 언덕으로 올라가서 자리를 잡으셨습니다. 갈릴리 호수를 내려다보시며 넓은 장소에 모인 사람들을 향해 하늘의 교훈의 말씀을 가르치셨습니다. 그것을 정리해 기록한 것이 마태복음 5장부터 7장까지의 산상수훈입니다.

그것은 마치 모세가 시내산에서 백성들에게 하나님의 율법을 가르친 장면과 겹쳐지는 듯한 장면입니다. 이제는 예수님의 복음과 예수님의 계명으로 하나님의 새 백성이 된 사람들을 그리고 있는 것입니다.

산상수훈의 첫 교훈으로 시작되는 것이 팔복이라 부르는 "복이 있나니"라고 말씀하신 교훈입니다. 원어 성경에는 이 여덟 개의 문장이 일제히 "마카리오이" 복이 있도다 또는 그것에 복이 있다는 의미의 마카리오이라는 단어로 시작되고 있습니다. 그래서 이것을 여덟 개의 마카리오이 즉 팔복이라 부르기에 합당한 것입니다.

"심령이 가난한 자는 복이 있나니 천국이 저희 것임이요"

매우 직설적이고 간명한 문장입니다. 우리 문장에는 심령이 가난한 자라고 다소 의역이 참가되어 있습니다만 헬라어 성경에는 마카리오이를 소유

하는 주체가 중성 명사입니다. 즉 그 영, 가난한 영에 복이 있다는 것입니다. 그리고 이어지는 문구가 "천국이 그들의 것이다"입니다. 그러므로 한글 성경과 같은 말씀입니다만 성경 원문은 복을 소유하는 그 가난한 심령을 정확히 구분해서 지시하고 있습니다. 물론 그런 심령을 가진 사람이 있는 것이지요.

우리에게는 영이 있습니다. 거듭났기 때문에 생명이 있는 프뉴마가 있습니다. 하나님의 성령은 '하기오스 프뉴마' 즉 '거룩한 영'이라고 구분해서 호칭하고 있습니다. 거듭난 사람들에게는 성령의 역사로 말미암아 다시 난 영이 있는 것입니다. 성경은 그것을 심령이라고 번역하고 있습니다. 모든 산 영은 하나님께로부터 났기 때문에 하나님을 향하여 아바 아버지라 부르짖게 된다고 말씀하였습니다.

하나님께로부터 난 영이라면 모든 영들이 같은, 또는 일정하게 유사한 성향을 가지지 않을까요? 그러나 우리의 육의 성향이 아직 죄의 습성을 강하게 가지고 있거나 욕구들이 다스려지지 않거나 할 때에는 우리의 영이 우리의 육의 기운을 이기지 못하게 될 것입니다. 그 선택은 우리 자신의 몫입니다. 하나님께서는 거듭날 때에 우리로 하여금 충분히 이기고 성장할 힘을 우리 영에 주셨습니다. 또 일정 수준 이상의 깨달음을 주셨기 때문에 우리가 깨우치고 회개하고 거듭나는 데에까지 이르게 된 것입니다.

그러나 사람들마다 영적 성장의 정도가 다 다르며 라이프 스타일도 다 다릅니다.

그러므로 오늘 본문에 예수님께서 말씀하신 여덟 가지 내용의 복이 있는 영의 모습은 곧 하나님께서 우리에게 거듭나게 해 주신 영의 본래의 성향과 추구를 말씀하신 것이라 할 수 있습니다. 이는 곧 하나님의 영이 가지신 모습이며 하나님 아버지의 성품입니다.

따라서 이런 영에는 복이 있기 때문에 그런 영을 가진 자에게는 그 각각에 따른 복들이 주어진다는 말씀입니다. 기본적으로 하나님은 우리에게 복의 근원이시기 때문입니다. 복을 얻지 못하는 것은 우리가 하나님의 길로부터 떠나 있기 때문입니다.

그러므로 팔복은 우리 영의 본래의 길, 하나님을 향해 나아가는 길이 됩니다. 우리는 이렇게 이해할 수 있습니다.

가난한 영, 거지와 동의어입니다. 우리의 영, 프뉴마는 이 세상에서는 가난합니다. 또 가난하려고 합니다. 나의 영, 나의 프뉴마는 궁극적으로 이 세상에 속한 존재가 아니기 때문입니다. 그게 내가 가진 영의 본래 속성입니다. 가난해지려고 애쓰라는 것이 아닙니다. 이제는 내 육이 아니라 내 영을 따라 마음을 기울이고 영을 따라 사는 인생이 되어야 한다는 교훈입니다.

로마서 8장 5절에 육신을 좇는 자는 육신의 일을 영을 좇는 자는 영의 일을 생각한다고 말씀했습니다. 영의 일을 생각한다는 말이 무슨 뜻일까요? 여러분은 여러분의 영에 귀를 기울여 보시는가요? 우리는 얼마나 내 영이 나아가고자 하는 방향과 반대의 길을 고집하며 육신을 길을 따라가고 있는지 모릅니다. 심지어 자기 영이 어디 있는지 잘 있는지조차도 잊어버리고 사는 사람들이 성도요, 교인이라는 이름을 가지고 살아갑니다.

오늘 예수님의 팔복은 우리를 멈추게 합니다. 복이 있는 영, 너는 그 영의 사람인가? 네 영과 보조를 맞추어 영이 원하는 길로 나아가는 자인가? 하는 질문을 가져 봅니다.

가난에 대하여, 우리 영은 가장 첫 번째 성향이 이 세상에서 가난합니다. 가난하고 외롭습니다. 본향을 아직 못 들어가 있으니까요. 가난하기 때문에 이 세상에서 낮아 있습니다. 이 세상에 있는 내 영 자체가 가난하기 때문에 세상의 부로 내 자신을 아무리 두르려 할지라도 내 육이 기뻐하는 것이지 내 영혼의 빈곤을 채울 수 없습니다. 내 영은 여전히 가난할 뿐입니다. 본질적으로 내 영의 가난은 이 세상의 어떤 부로도 채워질 수 없는 것입니다. 그러므로 우리가 우리 영혼을 세상의 것들을 통해서 만족 얻기를 추구한다면 이는 거듭난 자기 영혼의 방향과 반대 방향을 추구하는 것입니다. 이것을 묵상하시기 바랍니다. 그리고 분량상 다음 시간에 더 생각해 보겠습니다.

마태복음 5:3

3. 심령이 가난한 자는 복이 있나니 천국이 저희 것임이요

심령이 가난한 자는 복이 있나니, 천국이 저희 것임이요
예수님께서는 가난한 영에는 복이 있다고 말씀하셨습니다. 이 말씀은 우리의 거듭난 생명의 영(프뉴마)은 복이 있다는 지당한 말씀입니다. 그리고 그것을 항상 깨닫고 그 영으로 살아가는 사람에게는 천국이 그의 것이 된다고 말씀하셨습니다. 이 프뉴마는 사람의 영 프뉴마이기 때문에 사람과 따로 존재하는 영일 수는 없는 거지요.

예수님께서는 '돌들이 떡 덩이가 되게 하라'는 마귀의 시험에 사람이 떡으로만 살 것이 아니라고 말씀하셨습니다. 그 말씀은 사람은 몸만이 아니라 프뉴마를 가진 존재이기 때문에, 영적인 존재라는 본질을 가지고 있기 때문에 떡으로만 살아질 수는 없다는 말씀입니다. 사람은 떡만 먹으면 가난합니다. 가난하고 굶주립니다. 사람은 하나님의 입으로 나오는 모든 말씀으로라야 비로소 살게 되는 것입니다. 사람은 영적 존재이기 때문입니다.

마귀는 오늘도 떡을 만들라고 유혹합니다. 떡으로 상징되는 것은 돈과 음식과 재물 등 우리의 육을 채워 주는 모든 것입니다. 떡을 추구하는 삶을 살도록 유혹합니다. 떡을 추구하는 삶은 육을 추구하는 삶입니다. 떡도 필요합니다만 떡을 추구하는 인생이 되어서는 안 됩니다. 주님은 사람이 떡으로만 살 것이 아니라고 말씀하셨기 때문입니다.

우리가 삶에서 추구해야 할 것은 영입니다. 하나님의 말씀입니다. 우리의 영(프뉴마)은 떡으로 배부를 수 없는 영입니다. 만일 떡으로도 배부를

수 있는 영을 가지고 있다면 그는 거듭난 영이 아닙니다. 그 영은 어쩌면 세상의 영, 악한 영일지 모릅니다. 거듭난 프뉴마는 세상에 대해서는 가난합니다.

영적 본질을 깨닫지 못하면 마태복음의 팔복은 처음부터 이해 불가의 늪에 빠지게 됩니다.

요한복음에 예수님께서는 하나님은 프뉴마이시니 예배하는 자가 프뉴마와 진리로 예배할지니라고 말씀했습니다. 하나님의 영이 프뉴마시라고 말씀하셨습니다. 또 우리의 영도 프뉴마라고 성경은 말씀합니다.

악한 영은 성경에 악한 프뉴마라고 표현되었습니다. 그 악한 영에 들린 사람을 데모나이즈 한 자들이라고 말씀합니다. 즉 귀신 들렸다, 마귀 들렸다는 말씀입니다. 그런데 그 악한 영들 역시 본질은 프뉴마입니다. 모두 창조주 프뉴마이신 하나님께로부터 난 자들인 것입니다.

다만 우리의 영 우리의 프뉴마는 하나님과 본질상 동일하지만 하나님께로부터 난 피조물로서의 프뉴마입니다. 성경은 예수님에 대해서 "그는 근본 하나님의 본체시라"고 말씀하였습니다. 즉 예수님의 근본은 하나님의 본체와 동일하시다는 말씀입니다. 우리는 우리 안에 하나님의 요소가 다 들어와 있지는 않습니다. 우리의 프뉴마는 피조물이기 때문입니다. 속성이 동일한 프뉴마입니다. 하나님의 프뉴마에는 우리의 모든 요소가 다 들어 있지만 우리의 프뉴마는 하나님의 일부분의 요소를 가지고 있을 것입니다. 따라서 우리는 하나님을 아버지라 부르지 우리 자신을 하나님이라고 서로 부르지 않는 것입니다. 그것은 이단적 사상입니다. 실제로 우리 주변에 그런 이단들이 있습니다. 성경은 성령으로 말미암아 우리의 영이 하나님을 향하여 아바 아버지라 부르짖는다고 말씀하였습니다.

본문으로 돌아와서 우리는 심령이 가난한 자, 즉 가난한 영이 찾고 추구하는 것을 따라 함께 추구해 나가는 사람이 되어야 복될 것입니다. 내 영이 찾는 것, 내 영이 추구하는 것! 이 세상에서는 결코 배부를 수 없고 세상으로 인해서는 도리어 거지와 같이 가난해지는 내 영이 찾고 추구하는 그것을 향해 함께 나아가는 사람을 일컬어 "영을 좇는 자는 영의 일을 생각하나니"라고 말씀한 것입니다.

이것이 이 세상에서 하나님의 자녀들이 살아가는 삶이어야 합니다.

세상의 많은 것을 사용하고 가지고 있기도 합니다만 그것들은 나를 만족하게 하지 못하고 내 심령은 항상 가난합니다. 찾고 찾는다고 해도 여전히 형편없이 부족합니다. 더욱 영의 사람이 되어야만 한다는 눌림이 항상 마음에 있습니다.

어느 날 브엘세바에서 사해 바다 옆의 마사다를 다녀오는 길에 아라드로 향하는 광야의 비포장길로 꺾어 들어가 보았습니다. 그 적막한 광야 길이 순간 제 발을 이끈 것 같았습니다.

거기서 내려 조금 걸어 보았습니다. 해가 저물어 가는 광야의 품속으로 한없이 걸어 들어가 보고 싶은 마음이 간절했고 내 영혼이 있어야 할 자리가 마치 여기였던 것 같은 고향의 느낌이 들었던 기억이 아직도 생생합니다.

우리의 영혼은 이 세상에서는 가난한 거지와 같습니다. 내 육이 느끼는 것에 현혹되지 마시기 바랍니다. 내 영혼의 주림과 헐벗음을 느끼시기 바랍니다. 이 세상을 살면서 육을 위한 삶이 아니라 영의 추구를 향해 나아가는 삶을 사시길 기원합니다. 그런 사람에게 천국이 그의 것이라고 예수님께서 복을 말씀하셨습니다. 천국을 얻는 복! 천국에 소유가 있는 이 영원한 복의 사람이 되시길 축복합니다.

마태복음 5:3-12

3. 심령이 가난한 자는 복이 있나니 천국이 저희 것임이요
4. 애통하는 자는 복이 있나니 저희가 위로를 받을 것임이요
5. 온유한 자는 복이 있나니 저희가 땅을 기업으로 받을 것임이요
6. 의에 주리고 목마른 자는 복이 있나니 저희가 배부를 것임이요
7. 긍휼히 여기는 자는 복이 있나니 저희가 긍휼히 여김을 받을 것임이요
8. 마음이 청결한 자는 복이 있나니 저희가 하나님을 볼 것임이요
9. 화평케 하는 자는 복이 있나니 저희가 하나님의 아들이라 일컬음을 받을 것임이요
10. 의를 위하여 핍박을 받은 자는 복이 있나니 천국이 저희 것임이라
11. 나를 인하여 너희를 욕하고 핍박하고 거짓으로 너희를 거스려 모든 악한 말을 할 때에는 너희에게 복이 있나니
12. 기뻐하고 즐거워하라 하늘에서 너희의 상이 큼이라 너희 전에 있던 선지자들을 이같이 핍박하였느니라

우리가 예수님의 산상수훈을 이해하는 데에 있어서 가장 중요한 점을 놓치면 안 됩니다.

예수님의 산상수훈은 이 세상의 삶을 위한 교훈이 아닙니다. 이 세상에서 어떻게 그리스도인으로서 빛나는 삶을 살아갈 것인가를 가르치는 교훈이 전혀 아니라는 말입니다.

여기 팔복에 예수님께서는 "복이 있나니" 하시면서 여덟 가지 복된 사람의 모습을 말씀하셨습니다. 그 첫째가 가난한 겁니다. 가난한 인생, 두 번째가 애통하는 인생입니다. 가난하고 애통하고 그리고 화내지 말고 온유해야 합니다. 양보하며 살고 지면서 사는 겁니다. 거기다가 주리고 목마른 사람입니다. 또 오지랖을 넓혀서 다른 사람들을 긍휼히 여기는 일을 하는

인생입니다. 그러다 보면 내 것을 모으고 내 삶을 채워 나가기 힘들어질지도 모릅니다.

또 마음이 청결해야 한답니다. 이게 얼마나 부담스럽습니까? 적당히 어지럽히고 적당히 풀어지기도 해야 여유 있고 편안한 삶이 될 텐데요, 집도 매일 매 순간 청결하게 하며 살려면 얼마나 피곤합니까? 그런데 마음이 청결한 인생이어야 한답니다. 거기다가 남의 불화까지 간섭해서 화평케 하는 자가 되어야 복이 있다고 말씀하십니다.

결정적으로 옳은 일 때문에 핍박을 받는 인생이랍니다. 옳은 일 했으면 보상을 받는 게 마땅한데 그것 때문에 뺨 맞고 모함당하고 공격을 당해야 한다는 것입니다.

자 여러분 이게 세상의 관점으로 복에 해당되는 내용들입니까? 전부 세상이 말하는, 세상에서 원하는 복과 정확하게 반대편에 있는 내용들입니다.

예수님은 이게 팔복이라고 말씀하셨습니다. 여러분, 그럼 여러분은 정말 이렇게 살기를 원하십니까? 가난하게 살고 애통하며 살고 당하며 살고 남 주며 사는 인생이길 원하십니까?

많은 사람들이 팔복을 읽으면서 여덟 가지 복 받을 생각만 하지 그 내용을 깊이 묵상하지 않습니다. 또 설교자들도 어떻게 해서든지 이걸 복이 되는 내용으로 설교하려고 애를 씁니다.

그러나 실상은 이것은 세상에서는 절대로 복이 될 수 없는 인생입니다.
예수님께서 복이 있나니라고 말씀하신 것은 이 세상을 초월해서 영원까지 전체를 보시고서 말씀하신 것입니다. 팔복만이 아니라 산상수훈 전체는 이 세상의 세계관이 아닙니다.

누구든지 네 오른뺨을 치거든 왼뺨을 돌려 대라고 말씀하셨습니다. 오리를 억지로 가게 하고자 한다면 십리를 그 사람과 동행하라고 말씀하셨습니다. 산상수훈 전체의 교훈은 이 세상의 세계관을 가지고 사는 사람에게는 절대로 이해될 수도, 받아들여질 수도 없는 말씀입니다. 다들 신앙 있는 체 하려니까 산상수훈을 읽거나 듣고서 아멘 하고 대답을 하는 겁니다.

저는 솔직히 참 오랜 세월 동안 산상수훈을 읽을 때마다 마음에 갈등과 고민을 겪어야 했습니다. 그래서 이걸 해석하려고 무진 애를 썼었습니다. 나름 영적인 의미로 이해해서 받아들이려고 했던 것이지요. 그러나 산상수훈은 해석하는 교훈이 아닙니다. 내 마음이 힘들었던 까닭은 내가 가지고 있던 세계관이 이 세상에 속한 세계관이었기 때문이었습니다. 이 세상에서 살려는 자들은 결코 산상수훈을 받아들일 수 없습니다.

이 세상의 세계관을 가지고서 산상수훈을 아멘으로 읽으려는 사람들은 위선자들이고 외식하는 자들일 뿐입니다. 안 됩니다. 왼뺨이 돌려 대지지를 않습니다. 가난한 인생을 살라고 시작도 되기 전부터 그렇게 인생을 꿈꾸어지나요 청년 여러분?

부자가 되어 원하는 생을 누리며 살기 원하고 애통이 아니라 행복과 만족을 느끼며 살기를 원하지 않습니까? 남들에게 굴복당하며 살기 원하십니까? 아니잖아요? 적어도 남들이 함부로 하지는 못하게 번듯한 인생을 살기 원하지 않습니까?

그래서 산상수훈은 읽기만 할 뿐 이해될 수 없는 교훈이 되는 것입니다. 억지로 해석하려 들지 마시기 바랍니다. 차라리 건너뛰는 것이 정직할 것입니다.

산상수훈은 이 세상을 버린 사람의 세계관입니다. 그런 사람이라야만 받아들여지고 동의가 되고 실제로 그렇게 살 수 있는 교훈이 되는 것입니다.

산상수훈은 "천국인" 안내서입니다. 우리 안에 이 세상의 세계관이 들어가 있는 한 산상수훈은 내게서 거리가 먼 교훈입니다.

예전에 한신교회의 이중표 목사님이 별세의 신앙을 말씀하시다가 천국에 먼저 들어가셨습니다. 그때 그분의 설교집을 몇 권 받아 본 일이 있었는데 크게 감명받지 못했습니다. 지금 다시 보면 그분은 진정한 목사님이셨습니다. 그런 설교가 진짜 설교입니다. 젊어선 왜 깨닫지 못했을까? 지금의 한신교회는 그 목사님의 팔복의 철학을 형상화해서 팔각형으로 지어졌다고 합니다. 그 이중표 목사님의 호가 거지입니다. 다만 한자로는 클 거자, 지혜로울 지자 거지이지요. 예수님의 산상수훈을 일평생 추구하신 목회자의 모범이 되시는 분이셨다고 생각됩니다.

산상수훈을 생각할 때에 이중표 목사님과 최춘선 목사님 두 분의 하나님의 종들이 떠오릅니다. '예수님처럼 바울처럼 그렇게 살 순 없을까...'

세계관을 바꿔야 합니다. 이 세상의 세계관을 버려야 합니다. 그리고 저 세상의 세계관, 영원한 하나님의 나라의 세계관을 가지고 이 땅에서 살아야 합니다. 그러면 예수님처럼 살 수 있습니다. 바울처럼 살 수 있습니다.

세계관이 달라지면 성경의 모든 것들이 새롭게 보이기 시작하는 것을 체험할 것입니다.

이것이 팔복과 산상수훈을 묵상함에 있어서 가장 중요한 점입니다. 이걸 놓치면 모든 걸 놓치고 껍데기만 핥는 신앙인이 되는 것입니다. 진짜가 되시기 바랍니다.

이 마지막 세대의 진짜 성도, 진짜 제자가 되어 주님의 기쁨과 소망이 되어 살아가시기를 주님의 이름으로 축복합니다.

마태복음 5:4-6

4. 애통하는 자는 복이 있나니 저희가 위로를 받을 것임이요
5. 온유한 자는 복이 있나니 저희가 땅을 기업으로 받을 것임이요
6. 의에 주리고 목마른 자는 복이 있나니 저희가 배부를 것임이요

애통하는 사람은 복이 있습니다. 위로를 얻을 것이기 때문입니다. 애통의 시작은 회개의 애통으로부터 시작됩니다. 회개의 애통으로부터 시작되지 않은 사람은 그 다음의 애통을 모르고 살아갈 수밖에 없습니다. 야고보서 4장 9절에는 "슬퍼하며 애통하며 울찌어다 너희 웃음을 애통으로 너희 즐거움을 근심으로 바꿀찌어다"라고 말씀했습니다.

회개하는 애통은 죄 사함과 영생의 위로로써, 성령의 위로로써 그 마음에 하나님의 용서와 사랑의 열매를 맺게 합니다. 회개의 애통 후에 따르게 되는 애통은 사랑의 애통입니다. 구원받지 못한 영혼들을 향한 애통, 교회를 향한 애통, 하나님의 말씀을 인하여 애통하게 됩니다.

이 세상은 하나님의 생명으로부터 떠나 있기 때문입니다. 여전히 예수를 십자가에 못 박으려 악에 악을 더하고 있기 때문입니다. 따라서 애통할 줄 아는 사람은, 애통을 안고 사는 사람은 하나님의 마음을 가진 사람입니다. 이 세상이 악하기 때문입니다. 이 세상이 악하지 않다면 애통할 일이 없을 텐데요, 따라서 애통의 근원은 세상의 죄악입니다. 세상의 사망입니다.

애통할 일에 애통을 느낄 수 없는 사람은 주님의 마음을 가지지 못한 사람일 것입니다.

애통에는 위로가 있습니다. 위로는 사랑의 다른 모습이지요. 여러분은 어떤 때에 그 사람을 위로해 주고 싶어지나요? 하나님은 애통하는 사람을 사랑하십니다. 그래서 하나님은 애통하는 사람에게 꼭 하나님의 위로를

베풀어 주십니다. 그는 하나님을 사랑하는 사람이기 때문입니다. 따라서 애통함이 있는 사람의 영혼은 구원받은 영혼입니다. 애통은 구원의 증거입니다. 할렐루야!

온유한 사람은 복이 있습니다. 온순한 사람, 그것은 예수님의 성품이기도 하였습니다. 주님은 겸손하고 온유하셨습니다. 억지로 이기려고 하지 않으셨습니다. 더 큰 가치를 좇으셨기 때문입니다, 우리는 세상에서 길들여진 많은 것들을 끊어 버려야 합니다. 지지 말아야 한다고 배워 왔습니다. 최소한 당하지는 않아야 자다가 이불 킥을 안 할 수 있을 것입니다.

그러나 예수님은 그렇게 살지 않으신 줄 믿습니다. 주님께서 이걸 교훈하셨기 때문입니다, 세계관을 바꾸십시다. 더 큰 가치를 품으면 가능해지는 것입니다. 이기려고 큰소리를 내는 것이 아니라 진리를 지키기 위해서 우리의 고백과 신념을 양보하지 않을 뿐입니다. 상대를 꺾어서 진리를 관철시키는 것은 온유가 아닙니다. 그건 의미가 없습니다. 우리에게 패배한 사람치고 우리가 전한 진리를 순순히 받아들일 사람은 없을 것이기 때문입니다.

우리는 전하고 우리 자신의 신앙을 지킬 뿐입니다. 상대를 꺾으려고 하지는 않는 것입니다. 하나님의 역사는 나의 이김을 통해서 이루어지는 것이 아니라 나의 온유함과 겸손함을 지키는 가운데 하나님께서 나의 고백과 증거한 것을 증명해 주시고 개입하심으로써만 뜻이 하늘에서 이룬 것같이 땅에서도 이루어지는 것입니다. 할렐루야!

온유한 자에게는 땅을 기업으로 주신다고 하셨습니다. 땅의 상속자가 된다는 말씀입니다.

어려운 말씀입니다. 이 세상 땅인가요? 이 세상 밖에 있는 땅인가요? 땅은 말씀으로 말미암아 지음받았는데요, 땅은 하나님의 통치가 주어지는 것, 하나님의 창조의 권능으로 얼마든지 더 만들어질 수 있는 것인데, 하나님의 창조적 권능이 그가 상속받아 자기 지경을 열며 살아갑니다.

이삭을 보라! 이삭은 온유하여 블레셋 사람들과 다투지 아니하였으나 하나님께서 그에게 르호봇! 더 광활하고 넓은 지경을 주셨도다! 급기야 브엘세바가 이삭의 땅이 되지 아니하였는가?

온유한 자에게는 하나님께서 더 넓은 지경과 더 큰 권능의 지평을 열어 주신다는 말씀입니다. 그는 다투지 아니하고 지고 내주고 밀려났으나 하나님께서는 새로운 권능으로 더 넓은 땅을 물과 함께 주셨습니다. 할렐루야! 성도는 다툼으로 살지 아니하고 하나님의 복 주시는 능력으로 사는 줄을 믿으시기 바랍니다.

의에 주리고 목마른 자들이 있습니다. 복이 있는 사람입니다. 사람들에게 가장 많은 비웃음을 당하는 길이기도 합니다. 의에 주리고 목마른 사람은 하나님의 사람의 마음을 가진 사람입니다. 그런데 여기 놀라운 위로가 있습니다. 저희가 배부를 것이라고 주님께서 말씀하셨습니다. 헛되지 않습니다. 그 추구함에 합당한 하늘의 보상이 그를 만족하게 해 줄 것이기 때문입니다. 무엇보다 하나님께서는 그런 사람들의 의의 추구를 통해서 이 땅에 당신의 일을 이루시기 때문입니다. 이런 사람들이 있어야만 하나님의 생명의 사역이 이 땅에 열매 맺어 나가는 것입니다. 이런 사람들은 이 땅에 하나님의 생명의 길이 되는 사람들입니다.

하나님께서 저들의 삶에 마침내 하나님의 의가 이루어지는 것을 보게 하십니다. 이것을 믿으시기 바랍니다. 그러므로 주님의 축복의 말씀을 마음에 가지고 이 땅에서 의에 주리고 목마른 자들의 반열에 서시기 바랍니다. 나 홀로라도 그 의를 추구하는 길을 만들어 나가시기 바랍니다. 그러면 배부르게 되는 날이 하나님께로부터 이르게 될 것입니다. 할렐루야!

마태복음 5:7-8

7. 긍휼히 여기는 자는 복이 있나니 저희가 긍휼히 여김을 받을 것임이요
8. 마음이 청결한 자는 복이 있나니 저희가 하나님을 볼 것임이요

 제가 지금껏 살아오면서 배우고 체험한 사실은 하나님의 은혜는 긍휼의 길을 따라 흐른다는 점입니다. 하나님은 은혜와 긍휼의 하나님이십니다. 하나님의 나라에는 긍휼이 딱히 필요 없을 것입니다만 이 세상에는 하나님의 긍휼이 없다면 저주와 파멸이 가득한 마귀 천하가 되어 버리고 말았을 것입니다. 이 세상은 아담의 타락으로 말미암아 그 권세를 마귀에게 넘겨준 것이 되어 버렸기 때문입니다.

 그러나 하나님의 아들 예수 그리스도께서 이 땅에 오셔서 십자가 대속을 이루시고 부활하심으로써 마귀의 권세를 깨뜨리셨습니다. 할렐루야!

 예수 이름의 권세는 그를 믿는 자에게, 그를 따르는 자에게 역사하는 하나님의 은혜의 권능입니다.

 여전히 우리의 삶에는 하나님의 긍휼이 필요합니다. 우리를 둘러싼 이 세상이 악하고 불의하고 모든 결핍들 투성이기 때문입니다. 하나님께서는 이 땅에서 부르짖는 우리들의 기도와 간구에 귀를 기울이십니다. 긍휼히 여기시는 것입니다.

 오늘 예수님의 팔복 말씀 가운데 긍휼히 여기는 자는 복이 있다고 말씀하였습니다. 저들이 긍휼히 여김을 받을 것임이요. 지금껏 배우고 체험한 하나님의 긍휼의 원리는 긍휼을 베푸는 자에게 긍휼을 베푸시는 하나님이셨습니다.

 여러분 하나님의 긍휼을 얻기 원하십니까? 다른 사람들을 긍휼히 여기

시기 바랍니다. 받을 걸 생각해서가 아니라 진심으로 다른 사람들을 긍휼히 여기는 참된 사랑과 참된 긍휼을 가지는 것입니다. 순수한 사랑입니다. 동정이란 말은 본래 가장 고귀한 말입니다. 오래전부터 누군가로부터 동정이란 말이 낮은 자를 낮게 보고 던져 주는 동전이나 빵 조각의 의미로 쓰여지기 시작했습니다. 그래서 동정은 죄악이란 개념까지 사람들이 가지는 경향이 있습니다만 천만의 말씀입니다. 하찮은 자격지심에 빠진 문장으로 함부로 펜을 놀리면 안 될 것입니다. 자격지심은 또 다른 형태의 교만입니다.

나는 내가 궁지에 몰려 있고 힘들 때에 나에게 베푸는 작은 동정의 손길들을 참으로 고마워했습니다. 그리고 언젠가 빚을 갚겠다고 결심했었고 지금껏 그 동정의 빚을 갚으며 살아왔습니다. 동정이란 말은 마음을 함께 한다는 의미입니다. 얼마나 아름다운 말입니까? 성경은 그 동정의 마음과 행위를 긍휼을 베푸는 자라고 말씀하는 것입니다.

하나님께서는 제가 베푼 하찮은 긍휼의 일들마저도 백배나 더한 은혜로 긍휼로 되갚아 주셨습니다. 하나님께서는 중심을 보시기 때문입니다.

인색한 사람에게는 긍휼이 박합니다. 마음이 인색한 게 먼저입니다. 마음이 가난하라고 하신 말씀은 그 의미가 아니지 않습니까? 그런데 참 마음이 가난하고 궁색한 사람이 있습니다. 다른 사람에 대해서 마음이 참 인색하고 좁습니다. 여러분, 사랑은 있을 때 베푸는 게 아니라 없을 때부터 베푸는 겁니다. 그 마음은 있을 때나 없을 때나 동일한 것입니다. 나는 없기 때문에 마음이 작다고 착각하지 마시기 바랍니다. 마음은 동일합니다.

하나님은 긍휼을 베푸는 자에게 더 많은 긍휼을 베풀 수 있도록 더 큰 긍휼을 베풀어 주십니다. 할렐루야. 긍휼히 여기는 자는 복이 있나니 저희가 긍휼히 여김을 받을 것임이요.

인생을 각박한 마음을 가지고 살지 마시고 너그럽고 용서하고 관용하고 긍휼을 베풀며 살아가시기 바랍니다.

마음이 청결한 자는 복이 있나니 저희가 하나님을 볼 것임이요라고 말씀하셨습니다. 빌립이 예수님께 하나님을 보여 달라고 질문했을 때 예수님은 네가 지금 나를 보고서도 하나님을 보여 달라고 하느냐고 되물으셨습니다. 예수님은 사람이시고 스승이시지만 하나님은 정말 어떤 분이신지 보고 싶었던 것입니다. 어쩌면 신앙의 확인을 필요로 했는지 모릅니다. 그 당시에 빌립의 마음이 청결하지 못했다는 것을 알 수 있는 대화입니다.

당시엔 그랬지요. 훗날 예수님이 십자가에 달려 죽으시고 다시 부활하시고 그리고 승천하여 떠나가신 후에 성령을 받아 거듭난 체험을 얻기 전까지는 빌립의 마음은 청결하지 못했습니다. 그래서 예수님과 삼 년이나 동행을 하면서도 하나님을 보지 못했던 것입니다.

거듭난 사람의 마음은 청결해야 합니다. 그래서 많은 회개가 이루어져야 합니다. 그 과정이 신앙 성장의 과정이겠지요. 그러고도 여전히 많은 세상 것들이 우리 마음을 더럽히려고 보고 듣고 체험하는 것들을 통해서 마음을 더럽히는 일들이 들어옵니다.

우리는 날마다 또 매 순간 우리의 마음을 더럽히지 않고 다시 청결함을 유지하도록 기도하고 회개하고 하나님을 찬양하며 말씀을 따라 살려고 애써야 합니다. 집 안도 너무 깨끗하면 사는 데 피곤하다는 식의 말을 하는 사람은 그가 진정 거듭난 사람인지를 의심하게 하는 종류입니다.

마음이 청결한 인생을 사시기 바랍니다. 어떤 이권이나 어떤 욕심 때문에라도 마음을 거짓으로 또는 불의로 심지어 정욕으로 더럽히는 일이 없으시기 바랍니다. "무릇 지킬만한 것보다 더욱 마음을 지키라 사람의 생명이 이에서 남이니라"고 성경은 말씀하고 있습니다.

그러면 마음에 하나님을 볼 수 있다고 말씀하셨습니다. 그것은 설교로 설명할 필요가 없습니다. 보는 사람에게는 필요가 없고 보지 못하는 사람에게는 말로 해도 이해될 수 없기 때문입니다. 다만 이 말씀을 믿으시기 바랍니다. 그리고 이 팔복의 사람으로 사시기를 기원합니다.

마태복음 5:9-10

9. 화평케 하는 자는 복이 있나니 저희가 하나님의 아들이라 일컬음을 받을 것임이요
10. 의를 위하여 핍박을 받은 자는 복이 있나니 천국이 저희 것임이라

화평케 하는 자들은 복이 있습니다. 그 복은 하나님의 아들이라 일컬음을 받는 영원한 칭호와 관계를 얻는 것입니다.

이 세상에 참된 화해는 하나님의 진리와 하나님의 사랑 안에서 하나가 되는 길밖에 없습니다. 하나님을 떠나서는 어떤 인생도 참된 화해를 이룰 수 없습니다. 물론 죄와 육체 안에서 하나가 될 수 있겠지요. 그러나 그것은 인격적인 하나 됨이 아닙니다. 그런 관계는 반드시 진실이 없으며 인격의 어느 부분인가가 억눌려 있거나 말살되어 있는 채 하나 되어 있는 것입니다. 서로 병든 영혼인 채로 유사 화평의 관계를 이루고 있는 것입니다.

진실로 세상에 참된 평화가 있을까? 사람들은 평화라는 주제를 쉽게 말합니다만 과연 그 말하는 것처럼 쉬운 일일까요? 평화가 없어도 권력이 있으면 그것이 선이다라고 하는 건가요? 권력을 차지하려는 이유는 뭔가요? 부와 힘을 누리고 싶은 것이지요. 그것을 계속해서 가지려면 계속해서 다투고 싸워야 합니다. 가지려는 자들이 많기 때문이지요.

사람들은 평화보다 욕심을 선호합니다. 그래서 평화라는 주제는 특별히 철학적인 마인드를 가지고 사는 사람들 외에는 대부분 뒤로 밀리는 주제입니다.

그러나 여러분, 평화보다 귀한 것은 없습니다. 참평화는 영원한 것입니다. 거기에 물질적인 것들이 조금씩 뒷받침해 준다면 더할 나위 없겠지요.

그러나 평화가 먼저입니다. 평화는 화해로부터 말미암습니다. 나 자신과의 화해, 하나님과의 화해, 다른 사람과의 화해가 이루어져야 합니다. 앞의 세 번째 문제는 모든 사람과 가능하지는 않습니다. 화해를 거부하는 사람들일 경우에는 불가능한 것이지요. 참된 화해는 하나님 안에 두 사람이 일치될 때에만 가능한 것입니다.

제가 목회하는 성도들 가운데도 저와 화해를 이루지 못하고 부조화를 계속 이루던 사람들도 있었습니다. 모든 교인이 다 나와 일치하는 것은 어려운 일이겠지요. 그 이유는 그가 하나님의 진리 안에 있지 않거나 내가 하나님의 진리 안에 있지 않거나 하는 경우입니다. 나는 나 자신의 생각과 말과 행동을 말씀 앞에서 면밀히 검토하고 기도로 여쭈어 나갑니다. 어떤 교인이라도 제가 전하는 하나님의 교훈과 진리 안에 온전히 들어와 한마음과 한뜻으로 서지 않으면 저와는 절대로 화평한 관계를 이룰 수 없는 것입니다. 앞서 말했듯이 진정한 화해와 평화는 하나님의 진리, 하나님의 사랑 안에서 일치할 때에만 가능하기 때문입니다.

그럼에도 불구하고 더 많은 교인들은 제가 전하고 가르치는 하나님의 진리와 하나님의 사랑으로 나아와 일치하고 있거나 일치되어 나가고 있습니다. 변화되는 과정에 있는 것입니다. 이런 사람들은 저의 제자이자 동시에 주님의 교훈을 따르는 제자이며 우리는 그 안에서 일치를 이루기 때문에 화평한 관계를 이루고 있습니다. 이러한 관계, 모임 안에는 평화와 사랑과 기쁨이 있습니다. 이런 교인이 되시기 바랍니다. 이것이 바로 성경이 추구하는 교회의 모습입니다.

자 다시 예수님의 팔복을 읽어 봅시다. "화평케 하는 자는 복이 있나니 저희가 하나님의 아들이라 일컬음을 받을 것임이요" 누군가를 화평케 하는 사람은 그들을 하나님의 진리, 하나님의 사랑 가운데로 인도한 사람입니다. 영혼을 얻은 것입니다. 구원의 길로 인도한 것입니다. 잃었던 생명을 찾은 것입니다. 이런 일을 하는 사람에게 하나님의 아들이란 칭호를 주신다고 말씀하였습니다. 할렐루야! 천국에서의 칭호는 닉네임이 아니라 그 실제와 동일한 것입니다. 천국은 허세가 없기 때문입니다. 천국은 실상의 나라입니다.

화평케 하는 하나님의 아들이 되는 이 귀한 복을 얻으시기 바랍니다.

10절에 **의를 위하여 핍박을 받은 자**는 복이 있다고 말씀하셨습니다. 이 세상이 악하기 때문에 의를 지키려 하면 핍박을 받습니다.

세상에서는 의가 환영받지 못합니다. 정의의 길을 약간 비껴 나가야 누구에게나 환영을 받을 수 있습니다. 그렇다고 아주 멀리 두어서도 안 됩니다. 그래야 의로운 그룹에 여전히 속해 있을 수 있기 때문입니다. 천국은 의인들의 것입니다. 그렇지 않은 자들에게 천국이 그들의 것이라는 말씀은 없습니다. 그렇지 않은 자들도 천국을 얻을 수 있다면 굳이 이렇게까지 살아야 천국에 들어가는 것만은 아니라는 이야기가 되지 않겠습니까?

예수님께서는 **심령이 가난한 자와 의를 위하여 핍박을 받은 자**들에게 천국이 그들의 것이라는 복을 말씀하셨습니다. 그러므로 이것은 천국에 들어가는 두 문입니다. 천국을 얻는 두 길입니다. 실상은 두 길이 아니라 한 길의 두 문입니다. 천국을 얻는 길은 이 두 가지 복의 사람이 모두 되어야 확실한 것입니다.

다시 말하지만 이 외에 천국을 얻을 수 있다는 다른 길은 성경에 없습니다. 이렇게 말하는게 왜 위험스런 느낌이 드는 걸까요? 너무 오랫동안 복음이 너무 많이 허술하게 전해졌고 주님이 열지 않으신 문까지 사람들이 넓게 열어 버렸기 때문입니다.

다시 말하지만 천국에 들어가는 문은 좁은 문입니다. 오늘 팔복의 말씀은 곧 이 길이 생명의 길, 영생의 복을 말씀하고 있음을 깨달아야 합니다.

이러한 화평의 길 의의 길을 추구하며 나아가시길 바랍니다.

마태복음 5:11-12

11. 나를 인하여 너희를 욕하고 핍박하고 거짓으로 너희를 거스려 모든 악한 말을 할 때에는 너희에게 복이 있나니
12. 기뻐하고 즐거워하라 하늘에서 너희의 상이 큼이라 너희 전에 있던 선지자들을 이같이 핍박하였느니라

나를 인하여 너희를 욕하고 거짓으로 너희를 거스려 모든 악한 말을 할 때에는 너희에게 복이 있나니 기뻐하고 즐거워하라!

오늘날 교회가 세상으로부터 욕을 먹고 핍박을 당하고 모함을 당하는 것은 안타깝지만 주님의 이 말씀과는 상관이 없습니다. 교회가 사실과 다르게 부풀려지고 모함되어서 비난의 대상이 되는 면이 있습니다만 그것이 온전히 교회가 복음을 전한 것과 교회가 진리를 추구한 것 때문이었습니까? 그러나 바울은 그 때문에 핍박을 받았습니다. 많은 박해를 받은 성도들이 그 때문에 핍박을 받았습니다.

이 말씀은 우리 교회나 성도가 오로지 복음만을 위해서 세상에 입을 열어야 하고, 우리의 행동은 오직 주님의 계명을 지키기 위한 행동이어야 함을 말씀하는 것입니다. 그렇지 않고 세상의 일로 서로 다투고 싸운다면 복음은 도리어 가리어지고 실상은 우리의 부덕함 때문인데 욕을 먹는 것은 복음이고 주님의 말씀이 되어 버리는 것입니다.

몰라서 입 다물고 있는 것 아닙니다. 더 큰 사명이 있기 때문입니다. 우리가 전하는 진리의 말씀이 싸잡혀서 매몰되지 않도록 하기 위함입니다. 그러므로 누구보다 주의 종들은 오직 복음만을 위해서 입을 열어야 하며, 신령한 하나님의 교훈과 진리를 위해서 살아가야 합니다.

그러면 세상의 불의함과 부당함은 어떻게 고쳐 나가야 할까요? 그것은

성도들이 세상에서 각자의 전문성과 권위를 갖추고서 바른 권한을 행사함으로써 고쳐 나가야 하는 것입니다. 행정은 행정으로 법은 법으로 해야 하는 것이지 그걸 하나님의 이름으로 교회의 이름으로 고쳐 나가려고 해서는 어차피 실패하는 것입니다. 교회는 세상 문제를 해결하기 위한 존재가 아니기 때문입니다.

그런 행동들이 나타나는 이유는 무엇일까요. 지금 투쟁하는 일들도 중요한 문제이지만 복음은 그에 비하면 어느 위치 정도로 여겨지는 건가요? 복음이 지금 내가 싸우는 세상 문제보다 비슷하거나 일단 뒤로 미뤄도 되는 상황인가요? 그런 상황이 존재할 수 있습니까?

과연 우리의 세상 문제 어떤 것이 복음과 같은 선상에서 중요할 수 있습니까? 사실은 복음과 진리의 위치는 우리가 당면하는 세상의 어떤 문제와도 같은 차원의 문제가 아닌 것입니다. 복음의 중요성과 숭고함은 우리가 당면하는 세상의 어떤 문제 상황과도 비교조차 할 수 없는 지극히 높은 차원의 문제인 것입니다. 차원이 다르다는 말입니다.

언제부터 우리가 세상일에 발 벗고 나서기 시작했습니까? 그것은 교회가 서서히 복음과 세상을 함께 섞어서 가르치기 시작하면서 시작된 부작용입니다. 그래서 우리가 당면한 현실 문제가 부당하거나 억울하면 교회의 이름표, 성도의 예복을 입은 채로 세상과 맞상대하며 다투고 싸워 왔습니다. 지금 세상 법원에 교회 대 교회 또는 교회 대 교인 소송 관련한 민사소송 건이 얼마나 많은지 아십니까?

우리 현실 문제가 중요하지요. 그러면 항상 생각해야 하는 것이 복음의 중요성은? 하나님의 이름의 중요성은 얼마큼일까? 하는 것입니다.

지금 교회가 세상으로부터 비난과 손가락질을 당하는 것은 순전히 우리가 전하는 복음 때문만이 아닙니다. 우리가 진리를 지킨 이유 때문에 핍박과 부당한 침해를 당하고 있는 게 아닙니다. 그래서 욕을 먹고 핍박을 당하면서도 기뻐할 수가 없는 것입니다. 예수님은 기뻐하고 즐거워하라고 말씀하셨는데 지금 우리 상황은 그래서 핍박을 당하는 게 아니기 때문입니다.

제자리로 돌아와야 합니다. 목사의 품위를 떨어뜨리는 불미스런 사고들이 얼마나 많았습니까? 교인의 이름으로 저질러진 부덕함과 범죄의 사건들은 얼마나 많았습니까? 교회의 이름으로는 또 어떠했습니까? 마귀가 거짓으로라도 이런 모함을 꾸며낼 판에 교회가 스스로 수치와 죄악을 세상 앞에 드러내지 않았습니까? 오늘 한국 사회의 문제가 좌파 때문이라고 생각하십니까? 그들이 갑자기 드러난 걸까요?

오랜 시간 동안 교회의 생명력이 죽어 갔기 때문입니다. 이 땅에 참된 교회들이 많이 죽어 갔기 때문입니다. 표범과 호랑이가 사라지자 들개와 멧돼지들이 온 산에 가득하게 된 것과 같습니다. 오랜 세월 교회는 자신 안에 세상을 받아들이고 그런 만큼 교회 안에 있던 신령한 생명을 내버렸습니다.

돌아가야 합니다. 우리는 완전히 다시 태어나야 합니다. 우리가 그동안 가지고 있던 세상 우상들을 완전히 제해 버리고 하나님께로, 복음으로 돌아가야 합니다. 이 수치스런 시대를 통과하면서 한국 교회는 다시 성결케 되어야 합니다. 이 말씀에 아멘 할 수 있을 때까지 말입니다.

"나를 인하여 너희를 욕하고 핍박하고 거짓으로 너희를 거슬려 모든 악한 말을 할 때에는 너희에게 복이 있나니 기뻐하고 즐거워하라 하늘에서 너희의 상이 큼이라 너희 전에 있던 선지자들을 이같이 핍박하였느니라"

마태복음 5:13

> 13. 너희는 세상의 소금이니 소금이 만일 그 맛을 잃으면 무엇으로 짜게 하리요 후에는 아무 쓸데 없어 다만 밖에 버리워 사람에게 밟힐 뿐이 니라

너희는 세상의 소금, 그리고 너희는 세상의 빛이라고 예수님께서 말씀하셨습니다. 복이 있는 천국 사람의 모습 여덟 가지 교훈을 말씀하신 이후에 예수님은 우리가 이 세상에서 무엇이어야 하는지를 말씀하셨습니다.

"너희는"과 "세상의"라는 말씀이 반복해서 두 번 언급되었습니다. 이 교훈은 세상 밖에서 필요한 교훈이 아닙니다. 세상에서 우리는 무엇이어야 하는가? 가장 핵심적인 교훈입니다. 여기서부터 우리의 인생관이 모두 시작되기 때문입니다.

우리는 세상의 지배자가 되어야 합니까? 우리는 세상의 부러움의 대상이 되어야 할까요? 우리는 세상에 잘나가는 인생이 되어야 하나요? 주님께서 우리에게 너희는 세상에서 잘나가야 하나니라고 말씀하셨으면 우리는 기를 쓰고서 세상에서 잘나가도록 노력했어야 합니다.

잘나가는 목회도 해야 하고 잘나가는 회사원도 돼야 합니다. 또 잘나가는 교회도 되어야 합니다. 과연 잘나가는 존재라고 하셨습니까?

예수님은 우리에게 "너희는 세상의 소금이니"라고 말씀하셨습니다.

그러면 우리의 인생관은 여기에서 출발해야 합니다. 우리의 비전과 세계관도, 우리가 순간순간 결정하는 모든 결정도 여기에 준해야 합니다.

우리는 다만 세상의 소금이어야 합니다. 이 세상은 부패했고 끊임없이 부정과 부패로 죄악의 생태계를 이루고 있습니다. 이런 세상에 하나님의 존재가 드러나고 알려지려면 소금이 던져져야 합니다. 부패의 사슬이 끊

어지고 새로운 질서로 살아가는 존재들이 등장하는 것입니다. 세상은 이로써 거짓과 부패의 생태계만이 아니라 새로운 생태계가 있음을 깨닫게 되는 것입니다.

우리의 생태계는 천국으로 이어집니다. 우리가 세상에서 소금이지 못하다면 우리는 세상에 아무런 존재 의미가 없어져 버린다고 말씀하셨습니다. 교회라는 게 세상에 있을 필요가 없어집니다. 기독교인이라는 게 세상에 왜 있어야 하는지 이유가 사라집니다. 다만 밖에 버리워 사람에게 밟힐 뿐입니다.

오늘 한국 사회 안에서 교회는 소금이었습니까? 기독교인들은 이 사회 속에서 각자가 소금이었습니까? 종교적 취향이 기독교인이라는 것 말고 세상 사람과 다른 확연히 구분되는 소금의 요소를 가지고 있습니까? 고유 명사로서의 교회라는 이름 말고 교회 자체의 역할이 세상에 대해 소금의 역할을 하고 있는지요?

정상적이라면 세상은 교회 때문에 죄책감을 느껴야 합니다. 사람들은 예수교인들 때문에 죄책감을 느껴야 합니다. 지금까지 아무 이상 없이 살아왔는데 이 사람을 만나고부터 죄에 대한 고민이 들기 시작해야 정상인 것입니다.

교회나 성도가 이 세상에서 소금으로서 존재해야 하는데 소금의 본질을 잃으면 세상에 아무 쓸데가 없습니다. 쓸모가 없는데 선교를 하면 뭐합니까? 쓸모가 없는데 교회를 새로 짓고 또 개척하면 뭐합니까? 쓸모 없는 사람들이 와글와글 모여서 하나님 이름 부르면 뭐합니까? 뭐하는 겁니까? 전도하면 뭐합니까? 소금이라는 본질을 가지고 있을 때에야 세상에 대해서 비로소 쓸모가 있어지는 것입니다. 소금이라는 본질에 충실해야 세상에 비로소 복음이 증거될 수 있고 하나님의 이름이 세상에 증거되고 영광을 돌릴 수 있게 되는 것입니다.

자기들끼리 모여서 예배당 거창하게 짓고서 하나님께 웅장하게 영광 돌린다고 하면 하나님께서 영광받으시겠습니까? 쓸모없다니까요? 하나님 영광 못 받으십니다. 맛을 잃은 한 줌의 소금도 쓸모없거늘 맛을 잃은 한 트럭의 소금이라면 고민이 도리어 심각해지는 것입니다.

부흥은 좋은 겁니다. 왜 좋은 겁니까? 교회가 부흥하면 살기 좋아지니까요, 교회 형편이 좋아지니까요, 평판도 좋아지고, 자랑도 되고, 큰 교회 되면 높은 교회 된 것처럼 느껴지니까요. 뭔가 열심히 한 결과를 얻은 것 같아서요. 부흥하면 목회가 성공한 것이 되니까요?

그런데 성경에 예수님이나 사도들이나 부흥에 대한 권고가 전혀 없습니다. 그분들은 왜 부흥에 관심들이 없으셨을까요? 소금이 되는 겁니다.

교회는 왜 부흥해야 하는지 목적을 잊었습니다. 당회에서는 목사님이 교회를 부흥시키지 못하고 교인들을 까먹으면 목사님을 압박하고 대책을 요구하거나 심지어 사임을 원하기까지 합니다. 그 장로들은 왜 교회가 부흥해야 하고 왜 유지해야 한다고 생각하는 걸까요? 그들이 당회실에 모여서 걱정하는 것이 과연 자신들 교회의 본질에 대한 건가요? 본인들은 세상에서 소금으로 살아가고 있나요? 여기가 세상입니까 하늘에 계신 하나님의 교회입니까?

너희는 세상의 소금이니 소금이 만일 그 맛을 잃으면 아무 쓸데없어 다만 밖에 버리워 사람에게 밟힐 뿐이니라.

지금 우리 사회는 교회를 이제 귀찮아하는 것 같습니다. 기독교인들을 필요 없어 하는 것 같습니다. 교회를 보고는, 예수 믿는다는 교인들을 보고는 죄에 대한 고민이 생겨나지 않습니다. 하늘나라라는 말을 비웃습니다. 복음을 비웃는 것 같습니다. 왜냐하면 너희들도 그걸 믿는 것 같지 않은데

날더러 뭘 믿으라는 거냐? 하는 것이지요.

　우리는 정말 천국 사람처럼 살아가고 있습니까? 오늘 우리는 예수님의 산상수훈의 말씀을 깊이 묵상하면서 우리의 삶과 인생을 재설정해야 합니다. 세상의 소금이라 하신 예수님께서 일러 주신 내 인생의 정체성을 되찾으시기 바랍니다.

마태복음 5:14-16

14. 너희는 세상의 빛이라 산위에 있는 동네가 숨기우지 못할 것이요
15. 사람이 등불을 켜서 말 아래 두지 아니하고 등경 위에 두나니 이러므로 집안 모든 사람에게 비취느니라
16. 이같이 너희 빛을 사람 앞에 비취게 하여 저희로 너희 착한 행실을 보고 하늘에 계신 너희 아버지께 영광을 돌리게 하라

너희는 세상의 빛이라! 우리는 이 세상에 빛이어야 합니다. 그것이 본래 우리라고 말씀하셨습니다. 우리는 세상보다 더 높은 도덕성을 가지고 사람들이 나아가야 할 길을 비추어야 합니다. 빛은 기준이 되는 것과 주위를 비추어 사람들이 주변을 바로 인지하도록 돕는 두 가지 역할을 합니다. 즉 간단히 말해 등대의 역할과 랜턴의 역할입니다.

빛이라고 말씀하셨기 때문에 예수의 사람들은 구원의 등대가 되어야 합니다. 우리가 전하는 복음은 우리의 도덕성과 함께 증거되어야 합니다. 우리의 부정은 뒤로 숨기고서 사람들이 모르면 그만 아닌가라고 하는 것은 영의 세계를 모르거나 무시하는 태도입니다. 예수님은 외식하는 자가 되지 말라고 경고하셨습니다. 또 예수님께서는 내가 너희에게 이른 말이 영이요 생명이니라고 말씀하셨습니다. 우리는 그 주님의 말씀을 전하는 것입니다.

따라서 우리가 전하는 말이 우리의 부정함을 감추고서는 생명의 영으로써 사람들에게 전해지지 않는 것입니다. 그 예가 지금 한국 교회의 모습이고 한국 사회의 결과입니다.

복음은 말장난이 아닙니다. 복음은 내가 빛 그 자체가 되어야 내가 전하는 복음도 빛이 될 수 있는 것입니다. 목회자가 뒤로 부정을 저지르고 있으

면서 가장 숭고한 사명을 가르치고 열렬한 기도를 시전 했던 시기를 우리는 경험해 보았습니다. 그때 교인들과 교회의 영적 상태, 도덕적인 상태는 어떠했습니까? 다시 말하기도 싫으며 기억하기도 싫을 것입니다. 우리는 그 후유증을 치유받으며 지난 십 년을 분투해 왔습니다.

이제서야 하나님께서는 우리 교회에 새로운 십 년의 소망을 말씀해 주셨습니다. 우리는 그 첫 해를 이렇게 살아오고 있습니다.

이것은 우리만의 경험이 아닙니다. 한국과 세계의 많은 교회들의 한 예일 뿐입니다. 이 세상이 왜 이렇게 어두워졌을까요? 특히 한국은 밤마다 십자가 네온이 빨갛게 밤하늘을 밝히던 나라입니다. 이런 대한민국이 왜 이렇게 영적인 어둠에 쌓여서 급기야 코로나 시국에는 한국 교회 전체가 자기 예배당에서 예배조차 금지당하는 지경에까지 이르렀습니까? 이 땅이 왜 이렇게 어두워졌습니까? 빛이 어디 있습니까? 불 좀 켜 주세요! 불들이 다 어디 갔습니까?

한때 천만 기독교인을 자랑했던 한국 교회입니다. 말대로라면 일천만의 등불이 이 땅을 밝히고 있어야 하는데 지금 한국 땅은 어둠 속에 잠겨 있습니다.

교회 지도자들이 도덕성보다 더 중요한 게 있는 것처럼 설교하고 가르쳤기 때문입니다. 하나님의 사람의 품위보다 더 큰 게 있는 것처럼 가르쳤고 가장 귀한 가치를 비웃으며 버렸기 때문입니다. 교회 안에 실용주의적 가치가 들어왔기 때문입니다. 마치 '좀 부정하긴 하지만 이렇게 돈 많이 벌어서 좋은 일에 그만큼 많이 쓰면 돼' 하는 식이었습니다.

영적인 실용주의? 말이 안 되는 말이지만 실용주의는 세속주의의 다른 말입니다. 여러분, 하나님은 실용주의적이지 않으십니다. 절대로 그러하십니다. 왜 줄 아십니까? 하나님은 전능하시기 때문입니다. "많은 재물보다 명예를 더욱 택할 것이요 은이나 금 보다 은총을 더욱 택할것이니라(잠 22:1)"고 말씀하셨습니다. 어떤 탐욕이나 어떤 이익보다 명예와 은총을 더욱 택하라고 말씀하셨습니다. 그것은 빛과 생명이기 때문입니다. 많은 재물은요? 하나님은 전능하시다고 하지 않았습니까? 은도 내 것이요 금도 내 것이라고 하나님께서 말씀하셨습니다. 하나님께서 필요를 따라 부어 주실 것입니다.

한국 교회가 알게 모르게 실용주의를 받아들이고 그러고선 성경의 교훈도 그 사상에 맞추어 해석하기 시작했습니다. 지금 교인들의 사상이 편의주의 실용주의적으로 얼마나 타락되었는지 모릅니다. 급기야 영적인 혼돈 상태에 빠져버린 것입니다.

저는 방송에서 대교회 목사가 동성애가 죄냐고 묻는 말에 대답을 회피하는 걸 보았습니다. 그는 진리보다 더 잃기를 두려워한 게 무엇이었을까요? 자기도 모르는 사이에 실용주의적인 가치관이 꽉 들어박혀서 자신이 뭘 선택하는지도 모르는 것 같습니다.

너무나 화가 나고 너무나 답답합니다. 빛이 연료비 아깝다고 스스로 불을 줄이다가 아예 한 달에 한 번씩만 켜자고 하다가 나중엔 그마저도 안 키면 어떠냐고 해 버리는 것과 같습니다.

너희는 세상의 빛이라 하신 주님의 말씀은 최우선의 가치가 무엇이어야 하는가를 가르치신 것입니다.

교회와 성도는 세상의 빛입니다. 빛은 우리의 도덕성입니다. 영성은 도덕성의 그릇이 있어야만 담길 수 있습니다. 깨진 쪽박으로 물을 길어 보겠다고 얼마나 많은 프로그램들을 돌려 왔습니까? 복음은 그렇게 요란스럽지도 않고 거창하지도 않습니다 원래.

산상수훈이 곧 복음이요, 진리의 말씀인 줄 믿으시기 바랍니다. 너희는 세상의 소금이라 너희는 세상의 빛이라. 팔복의 사람이 되라는 말씀입니다. 예수 믿고 죄 짓지 말고 거룩하고 깨끗하게 살라는 게 성경의 가르침입니다. 그리고 이웃을 사랑하라는 말씀입니다.

좋은 약은 알아서 소문 듣고 사러 옵니다. 좌판 벌이고 시끄럽게 나발 불면서 파는 약은 무슨 약입니까? 약효하고 나발 부는 거하고 무슨 상관입니까? 교회가 왜 이렇게 행사가 다양합니까? 나도 신앙생활 오십 년 이상 한 사람입니다. 어느 시대부터인가 교회가 옷을 자꾸 갈아입기 시작하더군요. 그냥 교회 되십시오. 그냥 빛으로 사십시오. 그러면 빛을 필요로 하는 사람들은 빛을 받아들일 것입니다. 심지어 스스로 길을 찾으러 빛을 향해 올 것입니다.

소금은 엄격함을 상징합니다. 예외가 없으며 융통성이 없는 것이 소금입니다. 세상에 정치인 다음으로 융통성이 많은 종류가 혹시 목사들인가요? 아니길 바랍니다만 어느 날부터 목회도 정치다라는 말이 들리기 시작했습니다. 똑바로 아시기 바랍니다. 목회는 정치가 아닙니다. 세례 요한이 정치적이었습니까? 예수님이 정치적이었습니까? 우리 교회가 얼마나 타락했었는가 하면 내가 부임 후 얼마 안 돼서 보니까 목사님이 무슨 정치적인 의도를 가지고서 저렇게 설교를 하였는가를 놓고서 수군대는 걸 보았습니다. 심지어 대놓고 묻는 자도 있었습니다. 목사가 강단에서 설교하는 것이 그의 의도를 전달하는 수단이 되어 있었던 겁니다.

예수님은 정치적인 분이 아니셨습니다. 따라서 목회자는 정치를 하면 안 됩니다. 소금은 그가 가진 속성을 타협하지 않습니다. 그 비타협성과 엄격성이 소금의 특징입니다. 그래야 이 타락한 세상이 자신들이 어디까지 망가져 왔는가를 알게 되는 지표가 되는 것입니다. 고무줄로 자를 만들 수 없는 것 아닙니까? 우리는 세상의 소금이며 세상의 빛이라고 말씀하셨습니다.

　주님의 이 말씀을 깊이 새기고 인생관 세계관이 주님을 따라가는 참 예수의 사람들이 되시기를 바랍니다.

마태복음 5:17-18

17. 내가 율법이나 선지자나 폐하러 온 줄로 생각지 말라 폐하러 온 것이 아니요 완전케 하려 함이로라
18. 진실로 너희에게 이르노니 천지가 없어지기 전에는 율법의 일점 일획이라도 반드시 없어지지 아니하고 다 이루리라

예수님께서 가르치신 복음은 그 당시까지만 해도 사람들이 일반적으로 생각하고 있던 신앙 율법과는 상당히 다른 내용이 많이 있었습니다. 특히 율법이 다 밝혀 주지 못했던 내세에 관한 복음들은 충격적이기까지 했을지도 모릅니다. 너무도 명확하게 천국과 지옥 그리고 마지막 날의 심판에 대해서 말씀하셨기 때문입니다.

그리고 예수님께서는 당시 랍비들이 가르치던 바리새적인 율법과 달리 상당히 파격적인 교훈을 보이셨습니다. 대표적인 것이 안식일에 관한 논쟁과 충돌이었습니다.

그래서 바리새인들은 예수님이 감히 모세가 전한 하나님의 율법을 파괴한다고 비판했습니다. 그러나 예수님은 도리어 마태복음 23장 2절에 "서기관들과 바리새인들이 모세의 자리에 앉았으니"라고 말씀하셨습니다.

그러므로 오늘 본문에 예수님께서는 내가 율법이나 선지자나 폐하러 온 줄로 생각지 말라 폐하러 온 것이 아니요 완전케 하려 함이로라고 말씀하셨습니다.

그리고 예수님은 "진실로 너희에게 이르노니 천지가 없어지기 전에는 율법의 일점 일획이라도 반드시 없어지지 아니하고 다 이루리라"고 덧붙여 말씀하셨습니다.

예수님은 구약의 율법과 선지자들의 예언을 단 하나도 변개하시거나 무

시하지 않으셨습니다. 도리어 일점일획까지도 반드시 다 이루리라고 말씀하셨습니다. 그런데 기독교가 유대교와 다른 이유는 무엇입니까? 이 당시에 유대인들은 예수님의 교훈과 복음을 받아들이지 않고 거부했습니다. 예수님을 따르는 제자들은 예수님의 복음과 가르침을 믿었습니다.

유대인들은 바리새인의 전통을 따라서 구약 성경을 경전으로 삼아 해석하고 종교 생활을 했습니다만 예수님께서는 바리새인들이 성경을 바르게 해석하지 못한 것들과 치우친 것들 미비한 것들을 온전케 가르치셨습니다. 무엇보다 구약이 예언하고 있으나 바리새인들이 전혀 다르게 이해하고 있던 메시야에 대한 기대는 그 당사자로 오신 예수님과는 매우 거리가 먼 것이었습니다. 예언이 잘못된 게 아니라 예언을 잘못 이해하고서 기대하고 있었던 것입니다.

사울도 그와 동일한 상태였으나 훗날 승천하신 예수님을 친히 만나 뵙고 나서는 구약 율법과 예언에 완전히 눈이 떠져서 많은 바리새인과 제사장들을 기독교의 복음에 복종하게 만들었습니다.

이처럼 구약 성경은 동일하게 하나님의 말씀으로 믿지만 유대교와 기독교는 예수님을 기점으로 하여 완전히 나뉘게 된 것입니다. 그들에게 있어서 메시야는 아직 오지 않은 것입니다.

또 여기서 유의할 것은 예수님 당시에 이처럼 모세의 율법과 선지자들의 예언서들이 완전한 형태로 존재하고 있었다는 점입니다. 이 말을 하는 것은 이 당시에 존재했던 성경 사본들이 하나도 남아 있지 않기 때문입니다. 지금 가지고 있는 성경은 10세기경에 편찬된 마소라 사본이 가장 오래된 완전본이고 현재 전 세계가 구약 성경의 원본으로 삼아 번역해 가지고 있는 성경입니다.

때문에 성경의 진위 여부, 얼마나 소실되고 덧붙여졌나? 또는 우리가 가지고 있는 성경이 정말 하나님의 말씀인가? 하는 의심 섞인 비평 연구가 매우 많이 일어났습니다. 그러나 사해 사본을 비롯한 고대의 여러 사본들의 조각들이 오늘날 가지고 있는 마소라 성경 텍스트의 정확성과 진실성을 입증해 주었고, 무엇보다 신약 성경에 예수님께서 그 당시에 성경을 연구하는 바리새인과 서기관들과 논쟁을 벌이셨고 그리고 오늘 본문에 모세의 율법과 예언의 일점일획까지 모두 거룩한 성경 말씀인 것을 확인해 주신 것을 통해서 우리는 오늘날 가지고 있는 성경이 10세기에 편찬된 것이지만 그 본래의 고대 사본은 예수님 당시에 이미 존재했고 그 당시 존재하고 있던 성경의 사본 역시 편집본이었지만 예수님께서 그것을 거룩한 하나님의 말씀으로 인정하심으로써 우리는 아멘 하고 믿고 받아들일 수 있게 된 것입니다. 할렐루야!

많은 과정을 겪어서 오늘에까지 이르렀지만 성경 말씀이 이처럼 정확하게 옮겨지고 전달되면서 2천 년 이상의 시간을 뛰어넘어 당시에 예수님과 사도들과 그 이전의 선지자들과 그 제자들이 읽고 편집하고 책으로 남겼던 이 귀한 말씀이 지금까지 존재하고 있다는 사실은 참으로 놀라운 것입니다.

우리는 여러 학설을 뒤로하고 예수님께서 말씀하신 이 말씀만을 가지고도 이때로부터 모든 성경은 하나님의 감동으로 기록되고, 성령의 역사로 지금까지 이어져 전달되었다는 사실을 확실히 믿을 수 있는 것입니다. 요한복음에 의하면 예수님은 이 모든 말씀의 원본 그 자체이셨습니다. 예수님은 태초부터 계신 말씀이셨기 때문입니다. 그러므로 주님의 이 확인은 가장 권위 있는 확인의 말씀이 되는 것입니다. 할렐루야!

또 그러므로 예수님의 말씀을 통해서 신약의 말씀과 구약의 말씀은 모두 하나로 연결되어 있으며 한 몸을 이루고 있다는 것도 알 수 있습니다.

따라서 오늘날 신약의 말씀과 복음을 통해서 신앙생활을 한다면 구약의 말씀들도 여전히 우리에게 동일한 중요성과 의미를 가지고 있다는 사실을 깨닫는 것입니다. 물론 우리가 율법을 지키고 율법대로 신앙생활을 해야 하는 것은 아닙니다. 그러나 성취된 율법의 말씀이라 하더라도 여전히 우리에게 신약의 교훈을 이해하고 하나님을 알아가는 데에 없어서는 안 될 지식과 교훈을 주는 말씀이라는 사실을 명심해야 하고 어떤 예언들은 아직까지 그 성취될 것들이 남아 있기 때문에 깊이 연구하고 간직해야 할 필요가 있습니다.

마태는 그의 복음서에 이처럼 신약과 구약의 연관성을 예수님의 말씀을 통해서 하나 된 사실을 기록으로 남긴 것입니다. 사도 바울은 로마서 10장에 예수 그리스도는 율법의 마침이 되시니라고 말씀했습니다.

오늘 우리는 예수님은 율법을 완성시키러 오신 분이시며 구약의 율법과 예수님은 하나 된 것을 이해하고 복음만큼 구약의 말씀들을 사랑하여 더 깊은 하나님의 세계를 깨달아 가시기 바랍니다.

마태복음 5:19-26

19. 그러므로 누구든지 이 계명 중에 지극히 작은 것 하나라도 버리고 또 그같이 사람을 가르치는 자는 천국에서 지극히 작다 일컬음을 받을 것이요 누구든지 이를 행하며 가르치는 자는 천국에서 크다 일컬음을 받으리라
20. 내가 너희에게 이르노니 너희 의가 서기관과 바리새인보다 더 낫지 못하면 결단코 천국에 들어가지 못하리라
21. 옛 사람에게 말한바 살인치 말라 누구든지 살인하면 심판을 받게 되리라 하였다는 것을 너희가 들었으나
22. 나는 너희에게 이르노니 형제에게 노하는 자마다 심판을 받게 되고 형제를 대하여 라가라 하는 자는 공회에 잡히게 되고 미련한 놈이라 하는 자는 지옥 불에 들어가게 되리라
23. 그러므로 예물을 제단에 드리다가 거기서 네 형제에게 원망 들을만한 일이 있는줄 생각나거든
24. 예물을 제단 앞에 두고 먼저 가서 형제와 화목하고 그 후에 와서 예물을 드리라
25. 너를 송사하는 자와 함께 길에 있을 때에 급히 사화하라 그 송사하는 자가 너를 재판관에게 내어주고 재판관이 관예에게 내어주어 옥에 가둘까 염려하라
26. 진실로 네게 이르노니 네가 호리라도 남김이 없이 다 갚기 전에는 결단코 거기서 나오지 못하리라

예수님께서는 율법을 완전케 하러 오셨고 율법의 성취요, 마침이 되셨다고 성경은 말씀했습니다. 그런데 그런 예수님께서 산상수훈에서는 누구든지 이 계명 중에 지극히 작은 것 하나라도 버리고 또 그같이 사람을 가르치는 자는 천국에서 지극히 작다 일컬음을 받을 것이요 누구든지 이를 행하며 가르치는 자는 천국에서 크다 일컬음을 받으리라고 말씀하셨습니다. 마침이 되셨다는 말은 끝내셨다는 말도 될 수 있지만 정확히는 끝냈다

는 의미가 아닙니다. 그 말은(텔로스) '종국에, 결국, 예언의 목적, 궁극적인 것'의 의미를 지닌 단어입니다. 완성자 또는 궁극적 목적자시라는 의미의 말씀입니다.

  그러므로 신명기의 계명들이 모두 사라져 없어진 게 아닙니다. 예수님을 통해 완성된 계명으로 살아 있는 것입니다. 우리는 그 계명들을 오늘 예수 안에서 즉 성령 안에서 면밀히 해석하고 깨달아서 하나님의 법도와 계명을 지키며 살아야 합니다.

  이것은 복음으로 오신 예수님께서 직접 하신 말씀입니다. 그러므로 일반적으로 율법은 예수 이전까지라고 생각하던 것과는 완전 다른 사실입니다. 예수가 오셔서 이 계명을 지키라고 말씀하신 것입니다. 단 예수님을 통해서, 예수로 말미암아 걸러져서 재해석된 결과로서 주어지는 계명을 지키는 것입니다. 그것이 산상수훈이고 또 신약 사도들의 교훈입니다.

  또 예수님은 이에 더하여 "내가 너희에게 이르노니 너희 의가 서기관과 바리새인보다 더 낫지 못하면 결단코 천국에 들어가지 못하리라"고 말씀하셨습니다.

  이것을 그들은 복음을 몰라서 예수의 피로 의롭다하심을 못 얻었으니 예수의 피로 의롭다 하심을 얻은 사람은 다 이 말씀을 성취한 상태가 된다, 즉 거듭난 사람은 서기관들과 바리새인들이 갖지 못한 의를 가진 사람들이다라고 복음적인 해석을 하고 쉽게 받아들이고 싶어 할지 모릅니다. 저도 젊은 날에 그렇게 생각한 적이 있었습니다.

  그러면 그 말이 맞다면 거듭난 이후에 살아가는 모든 삶의 시간들 속에서 진짜로 서기관들과 바리새인들보다 의로운 상태가 지속되어야 합니다. 예수를 믿고 의롭다 함을 받은 것이 놀이동산에서 손에 입장 도장 찍어 주듯이 의롭다는 인침을 일회성으로 받고 자격이 주어진 것으로만 생각하는 사람들이 참 많습니다. 아닙니다.

　구원은 진실입니다. 한번 의롭다 하심을 얻었으면 의로운 사람이어야 합니다. 그리고 그 의로운 상태가 천국 가는 날까지 계속되어야 합니다. 20절에 예수님이 하신 말씀은 천국에 들어갈 수 있는 최소한의 조건을 말씀하신 것입니다. 예를 들어 구구단을 못 외우면 결단코 3학년에 들어갈 수 없다는 말은 3학년에 올라가는데 구구단만 외우면 무조건 들어간다는 말이 아니지요? 다른 시험도 통과해야 하거나 2학년 출석도 정상적으로 했는지, 수업료는 납부했는지 등이 점검될 것입니다. 그런데 구구단을 못 외우면 결단코 3학년에 들어가지 못한다는 말은 어떤 조건을 충족해도 구구단이 안 되면 무조건 진급 불가란 말입니다. 이해하시겠습니까?

　예수님께서 20절에 너희 의가 서기관과 바리새인보다 더 낫지 못하면 결단코 천국에 들어가지 못하리라고 하신 말씀은 바로 이런 의미의 말입니다. 어떤 조건이 갖춰져도 이게 안 되면 천국에 들어갈 수 없다는 말씀입니다.

　얼마나 그동안 교회가 복음을 자기가 믿고 싶은 내용으로 아전인수 해서 가르쳤습니까? 그 결과가 오늘날 한국 사회 안에 교회가 받는 비웃음과 선한 영향력이 전혀 없는 상태에 이른 것입니다.

　예수님은 산상수훈에서 천국에 들어가는 문은 좁고 그 길도 협착하다고 말씀하시면서 좁은 문으로 들어가라고 말씀하셨습니다. 그 문이 생명으로 인도하는 문이라고 말씀하셨습니다.

　많은 목사들이 그 문을 넓혀 놓았습니다. 교회가 부흥해야 하고 그 부흥을 유지해야 했기 때문인지 모르겠습니다.

　그러므로 우리는 말씀을 정직하게 받아들이면 성령으로 거듭나야 하고 동시에 우리의 생활이 항상 서기관과 바리새인보다 더 의로운 삶이 이어져야 합니다. 예수님께서는 또 뒤에 제자들에게 너희는 저희가 말하는 것은 지키되 저희의 행동은 본받지 말라고 말씀하셨습니다.

믿는 자의 도덕성이 서기관이나 바리새인보다 월등해야 함을 말씀합니다. 권고 사항이 아니라 천국에 들어갈 수 있는 최소 조건입니다. 이것은 율법주의가 아닙니다. 도덕성 있는 삶을 살라는 것이 왜 율법주의입니까? 또 이것은 금욕주의도 아닙니다. 이것은 복음입니다. 예수님의 교훈입니다. 뒤에 가서 초대 교회의 절기와 날짜 지키는 것에 대한 논쟁이 나옵니다만 그들이 율법 논쟁을 벌인 것과 지금 예수님의 교훈은 완전히 다른 것입니다. 주님은 의에 대하여 말씀하셨습니다. 의로움 즉 현대 개념으로 말하면 도덕성입니다.

그러므로 예수님은 이어서 실례로서 두세 가지 율법을 예로 들어 설명하셨습니다. 살인에 대한 율법, 간음에 대한 율법, 돈을 갚는 문제 등에 대한 것이었습니다. 시간이 더 필요합니다만 다음 시간에 이어서 생각합시다.

여기 당시 사람들이 이해하고 있던 율법에 대한 지침에 대해 예수님은 더 엄격하게 적용해 해석해 주셨습니다. 누가 잘못 이해하고 있었던 걸까요? 지금까지 산상수훈, 5장을 아직 넘어가지 못하고 있습니다.

성도는 어떻게 살아야 할까요? 우리의 목표는 천국입니다. 예수님의 산상수훈은 모두 천국에 들어가는 것에 초점이 맞추어진 교훈입니다. 가장 고상한 삶을 위한 형이상학적 가르침이 절대 아닌 것입니다. 그런데 우리는 왜 그렇게 느껴질까요? 복음으로부터 멀리 떨어진 교훈을 가지고 살아왔기 때문입니다. 우리는 그런 걸 복음이라고 신앙이라고 배웠기 때문입니다.

너희는 세상의 빛이라고 주님께서 말씀하셨습니다. 여기까지의 말씀을 되돌아 복습하고 성도의 삶, 나의 인생에 대하여 묵상하고 기도하시기 바랍니다.

마태복음 5:27-48

27. 또 간음치 말라 하였다는 것을 너희가 들었으나
28. 나는 너희에게 이르노니 여자를 보고 음욕을 품는 자마다 마음에 이미 간음하였느니라
29. 만일 네 오른눈이 너로 실족케 하거든 빼어 내버리라 네 백체 중 하나가 없어지고 온 몸이 지옥에 던지우지 않는 것이 유익하며
30. 또한 만일 네 오른손이 너로 실족케 하거든 찍어 내버리라 네 백체 중 하나가 없어지고 온 몸이 지옥에 던지우지 않는 것이 유익하니라
31. 또 일렀으되 누구든지 아내를 버리거든 이혼 증서를 줄것이라 하였으나
32. 나는 너희에게 이르노니 누구든지 음행한 연고 없이 아내를 버리면 이는 저로 간음하게 함이요 또 누구든지 버린 여자에게 장가드는 자도 간음함이니라
33. 또 옛 사람에게 말한바 헛 맹세를 하지 말고 네 맹세한 것을 주께 지키라 하였다는 것을 너희가 들었으나
34. 나는 너희에게 이르노니 도무지 맹세하지 말찌니 하늘로도 말라 이는 하나님의 보좌임이요
35. 땅으로도 말라 이는 하나님의 발등상임이요 예루살렘으로도 말라 이는 큰 임금의 성임이요
36. 네 머리로도 말라 이는 네가 한 터럭도 희고 검게 할 수 없음이라
37. 오직 너희 말은 옳다 옳다, 아니라 아니라 하라 이에서 지나는 것은 악으로 좇아 나느니라
38. 또 눈은 눈으로, 이는 이로 갚으라 하였다는 것을 너희가 들었으나
39. 나는 너희에게 이르노니 악한 자를 대적지 말라 누구든지 네 오른편 뺨을 치거든 왼편도 돌려 대며
40. 또 너를 송사하여 속옷을 가지고자 하는 자에게 겉옷까지도 가지게 하며
41. 또 누구든지 너로 억지로 오리를 가게 하거든 그 사람과 십리를 동행하고
42. 네게 구하는 자에게 주며 네게 꾸고자 하는 자에게 거절하지 말라

43. 또 네 이웃을 사랑하고 네 원수를 미워하라 하였다는 것을 너희가 들었으나
44. 나는 너희에게 이르노니 너희 원수를 사랑하며 너희를 핍박하는 자를 위하여 기도하라
45. 이같이 한즉 하늘에 계신 너희 아버지의 아들이 되리니 이는 하나님이 그 해를 악인과 선인에게 비취게 하시며 비를 의로운 자와 불의한 자에게 내리우심이니라
46. 너희가 너희를 사랑하는 자를 사랑하면 무슨 상이 있으리요 세리도 이같이 아니하느냐
47. 또 너희가 너희 형제에게만 문안하면 남보다 더 하는 것이 무엇이냐 이방인들도 이같이 아니하느냐
48. 그러므로 하늘에 계신 너희 아버지의 온전하심과 같이 너희도 온전하라

예수님께서는 5장 21절부터 48절까지의 말씀에서 옛 율법의 계명들을 재해석하여 교훈을 주셨습니다. 이것은 예수님의 계명입니다. 이 부분에 예수님은 살인하지 말라는 계명과 간음하지 말라는 계명, 맹세에 관한 교훈, 그리고 복수에 대한 계명, 또 이웃과의 문제에 대처하는 지침과 이웃을 사랑하는 법에 대한 교훈을 말씀하셨습니다.

이 부분의 교훈의 말씀은 20절에 "내가 너희에게 이르노니 너희 의가 서기관과 바리새인보다 더 낫지 못하면 결단코 천국에 들어가지 못하리라"는 말씀의 범주에 해당하는 교훈입니다.

21절-24절은 살인치 말라는 계명을 해석해 주시면서 형제에게 노하거나 욕을 하는 죄까지 확대하여 말씀하셨습니다. 해석하기 어려운 구절 중에 하나입니다. 그러나 이것은 23-24절에 연결되는 하나의 말씀이라는 것을 인식하고 묵상하면 살인에 대한 기존의 계명 이해를 예수님은 인격적

인 살인에까지 확대하여 적용하라고 말씀하신 것입니다. 실제로 사람을 죽여도 심판을 당하게 되지만 형제의 인격을 짓밟아 인격적인 살인 행위를 한다면 심지어 지옥 불에까지 떨어질 수 있다고 말씀하신 것입니다.

우리는 예수님의 이 말씀을 그대로 받아들여야 합니다. 그러나 해법은 있습니다. 23-24절에 예수님은 그러므로 예물을 제단에 드리다가, 즉 하나님께 예배를 드리기 전에 형제에게 원망 들을 만한 일이 있는 것을 기억하였을 때에 예배를 중지하고, 어차피 예배드려도 지옥에 들어갈 수 있으므로, 가서 나 때문에 인격이 파괴되고 생명에 타격을 입은 형제에게 가서 사과하고 화목을 먼저 되찾은 후에 하나님께 예물을 드리라고 말씀하셨습니다.

물론 이것은 타당한 분노와 잘못을 꾸짖는 책망에 해당하는 말씀이 아닙니다. 형제가 당할 이유가 충분치 않은데 이런 분노와 저주의 말로 인격을 모독하는 행위를 저지른 것을 말씀한 것입니다. 따라서 그리스도인이 형제에게 이런 일을 행하는 것은 있을 수 없습니다. 모두 회개하고 형제에게 잘못을 사과하고 마음의 보상을 통해 회복된 정상 관계를 회복하라고 말씀하셨습니다. 그것만이 하나님께도 용서받고 예배가 열납 될 수 있는 길입니다. 이것이 살인치 말하는 구약 율법에 대한 예수님의 해석적 교훈입니다.

25-26절은 다른 사람에게 갚을 돈이 있으면 반드시 갚아야 한다는 사실을 말씀하셨습니다. 남의 돈 갚지 않고 하나님께 회개만 하는 것으로 자기 잘못이 사라질 것이라 생각하면 잘못된 생각입니다. 성경을 그렇게 가르치지 않습니다. 타당한 상황이라면 다른 사람이 나에 대해 원망, 즉 고소할 부분이 있다면 나는 하나님 앞에, 그에 대한 보상이 해결되지 않으면

하나님 앞에서도 종교적인 회개만으론 용납받을 수 없다는 점을 분명하게 교훈하신 겁니다.

"진실로 네게 이르노니 네가 호리라도 남김 없이 다 갚기 전에는 결단코 거기서 나오지 못하리라" 해결의 다른 방법이 없음을 분명히 말씀하셨습니다.

따라서 오늘날 예수 믿고 천국 간다는 사람들이 정말 그들의 기대대로 구원받기를 원한다면 성도의 도덕성이 얼마나 철저하고 더 높아야 하는지를 명심해야 합니다. 기독교 교리는 인간이 원하는 대로 조금씩 굽히고 조작하는 게 아니라 예수님께서 말씀하신 대로만 믿고 따라야 구원의 교리가 되는 것입니다. 사고가 정직하지 않으면 하나님 말씀을 깨달을 수 없습니다.

또 예수님은 **간음에 대한 교훈**을 말씀하셨습니다. 이 또한 십계명의 율법에 대한 해석인데 그 당시 바리새인들에 의한 율법 해석이 얼마나 예수님의 해석에 미치지 못했는가를 알 수 있습니다. 참으로 너희 의가 서기관이나 바리새인보다 낫지 못하면 결단코 천국에 들어가지 못한다는 예수님의 말씀이 빈말이 아닌 것을 깨달아야 합니다.

믿음으로 구원받는다는 말은 예수님과 예수님의 교훈 모두를 믿고 지키는 것을 의미하는 것입니다. 그리고 나의 멍에는 무거운 것이 아니라고 예수님이 말씀하셨습니다. 진실로 천국을 사랑하는 사람이라면 주님의 계명이 전혀 어려운 것이 아님을 알 수 있습니다. 믿으시면 아멘 하십시다.

간음에 대한 예수님의 교훈은 시효가 없습니다. 성경이 완성된 이래로 변경되지 않았기 때문입니다. 이는 곧 하나님의 성품에 직결되는 것이므로 영원히 변하지 않는 계명입니다. 그러므로 오늘날 세상이 어떻게 타락하고 변천하든지 예수님을 믿는 성도들은 결혼 생활에 있어서 제7 계명에 대한 예수님의 해석을 명심하고 지켜야 합니다. 여자를 보고 음욕을 품는 자마다 마음에 이미 간음하였다고 말씀하셨습니다. 다행히 마음에 지은 죄이므로 마음을 주 앞에 회개하고 더러움을 씻어 버려야 합니다. 본래 남의 여자를 보고 음욕을 품는 게 거듭난 성도에게는 쉽지 않은 일인데 그런 예가 발생한다면 심각하게 자신을 회개해야 합니다. 그래도 마음에 간음한 죄니 다행이지 몸으로 간음을 저질렀다면 죽음 외엔 갚을 길이 없습니다. 그러나 구약 시대처럼 돌로 쳐 죽이지는 않고 자기 죄를 회개하고 악한 관계를 청산하고 욕을 본 상대 남편에게 합당한 보상을 하고 완전히 씻어야 합니다. 그러면 하나님의 용서가 임할지 모릅니다. 더 이상은 제가 이야기해 줄 것이 없습니다. 성경이 그 해법에 대해선 일체 언급하고 있지 않기 때문입니다. 거듭난 자의 죄에 대해서 성경이 뭐라 말씀하는지 기억하시기 바랍니다. 얼마나 두려운 죄인지 아시겠습니까?

또 맹세와 이웃에 대한 태도 등에 대한 것은 주님 말씀하신 내용 그대로이니 바로 이 하나님의 마음을 품고 사는 성도가 되기를 항상 힘쓰시기 바랍니다. 그런 마음으로 33이하 48절까지 반복해서 정독하고 외워질 정도로 읽고 묵상하시기 바랍니다.

마태복음 6:1-8

1. 사람에게 보이려고 그들 앞에서 너희 의를 행치 않도록 주의하라 그렇지 아니하면 하늘에 계신 너희 아버지께 상을 얻지 못하느니라
2. 그러므로 구제할 때에 외식하는 자가 사람에게 영광을 얻으려고 회당과 거리에서 하는 것 같이 너희 앞에 나팔을 불지 말라 진실로 너희에게 이르노니 저희는 자기 상을 이미 받았느니라
3. 너는 구제할 때에 오른손의 하는 것을 왼손이 모르게 하여
4. 네 구제함이 은밀하게 하라 은밀한 중에 보시는 너의 아버지가 갚으시리라
5. 또 너희가 기도할 때에 외식하는 자와 같이 되지 말라 저희는 사람에게 보이려고 회당과 큰 거리 어귀에 서서 기도하기를 좋아하느니라 내가 진실로 너희에게 이르노니 저희는 자기 상을 이미 받았느니라
6. 너는 기도할 때에 네 골방에 들어가 문을 닫고 은밀한 중에 계신 네 아버지께 기도하라 은밀한 중에 보시는 네 아버지께서 갚으시리라
7. 또 기도할 때에 이방인과 같이 중언부언하지 말라 저희는 말을 많이 하여야 들으실줄 생각하느니라
8. 그러므로 저희를 본받지 말라 구하기 전에 너희에게 있어야 할 것을 하나님 너희 아버지께서 아시느니라

사람 앞에 보이려고 사람 앞에서 우리 의를 행치 않도록 주의하라 경고하셨습니다. 그렇지 아니하면 하늘에 계신 하나님께 상을 얻지 못하기 때문입니다.

그리고 구제하는 것과 기도하는 일을 예로 들어 말씀하셨습니다. 우리의 구제는 이웃을 향한 참된 사랑에서 비롯되어야 하며 하나님께만 인정을 받고자 해야 합니다. 우리가 선한 일을 하는 것에 다른 목적이 더해져서는 하나님께 인정받지 못하며 천국에서 상이 없다고 말씀하셨습니다.

하나님은 거룩하셔서 하나님께 상을 받고자 하는 사람은 오직 하나님께

만 자신을 보이려고 해야 합니다. 하나님은 은밀한 중에 보시는 분이시라고 말씀하셨습니다. 하나님 앞에서 사는 것입니다. 그리고 선행에 다른 목적이 더해지면 그로써 그 선행의 대가가 치러졌다는 것이 하나님의 정의입니다.

그러므로 이런 것을 정치적이라고 표현활 수 있는데 선행을 함으로써 남들에게 좋은 사람, 필요한 사람으로 인정받고 회당과 큰 거리 어귀에서 기도하기를 좋아함으로써 하나님을 진실로 찾는 경건한 사람이라는 인정을 받고 그 경건성을 사람들 앞에 공공연히 드러냄으로써 자신은 경건한 기도의 사람으로 표방하는 것 모두가 정치적인 행위입니다. 정치는 이 세상에서 얻고자 하는 것을 추구하므로 하늘에서는 상이 없으며 그것은 하늘에 속한 선행이 아닌 것입니다.

하나님은 정치적인 선행을 미워하지는 않으시지만 하나님의 상급과는 상관이 없습니다. 문제는 그들이 순수한 행위를 자신들의 정치적인 목적을 위해서 사용한다는 데 있습니다. 그럼으로써 교회의 선행과 경건한 일들이 더럽혀지고 순수성이 상처를 입습니다.

물론 유익은 있겠지요. 구제를 통해 받아먹을 것이 생기는건 맞지요, 길거리에서 큰소리로 기도하니 분위기 경건한 것같이 조성되니 나름 긍정적인 면이 있다고 하겠지요. 그러나 순수성. 그 순수한 사람은 어디 가면 만날 수 있을까요? 하나님이 찾으시는 사람은 어디에 있는가요?

사회적으로는 이런 사람들이 결국 인정을 받고 사람들이 주변에 모이게 되고 이는 권력이 생겨나는 것이지요. 교회가 이렇게 되면 순수한 진짜 사람들이 숨겨지고 소외될 것입니다. 그렇게 되면 교회가 세상과 다른 점이 무엇입니까? 오늘날 한국 교회 교단 정치들, 지방회나 노회 정치들이 이런 모습들이 아닌지 모르겠습니다.

교회는 순수해야 합니다. 선한 일은 드러나지 않게 해야 합니다. 그로 인해 나에게 정치적인 권력이 생겨나지 않도록 주의해야 합니다. 사회적인 인정이 모이면 정치적인 권력 즉 파워가 되는 것입니다.

사람에게 영광을 얻으려고 나팔을 불고서 선행을 하지 말라 하셨고, "너는 구제할 때에 오른손이 하는 것을 왼손이 모르게하여 네 구제함이 은밀하게 하라. 은밀한 중에 보시는 너의 아버지께서 갚으시리라"고 말씀하셨습니다.

참 감사한 것은 하나님 아버지께서 내가 한 선행에 대하여 나에게 갚으신다고 하신 것입니다. 하나님이 왜 갚으십니까? 구약 성경에 가난한 자에게 베푸는 것은 하나님께 꾸어 주는 것과 같다고 말씀하였습니다. 하나님께서는 이웃에게 구제하는 것을 이렇게 귀하게 여기시고 당신께서 갚아주셔야 할 것으로 여기신다는 말씀입니다.

얼마나 귀하고 놀랍습니까? 이 귀한 복을 스스로 버리시겠습니까?

하나님께서 갚아 주시는 것은 내가 준 것보다 크고 귀한 은혜들입니다. 예수님은 상이라고 말씀하셨습니다. 하나님께서 주시는 상입니다. 땅에서와 하늘에서 주신다고 말씀하셨습니다. 하나님께서 주시는 상으로써만 내 인생을 채워 나가고자 하는 결단이 있어야 합니다. 그것만이 진정 아름다운 인생입니다.

또 기도할 때에 이방인들이 하는 것처럼 중언부언하지 말라고 말씀하셨습니다. 하나님은 우리가 무얼 기도하는지 이미 아시는 분이시며 우리의 기도에 역시 은밀한 중에 갚아 주신다고 말씀하셨습니다. 내가 기도하는데 하나님께서 갚아 주신다는 말씀이 웬 말입니까? 우리는 기도에 대해 오해가 많습니다. 예수님의 기도에 대한 교훈을 항상 기억해야 합니다. 예수님은 우리가 무엇을 먹을까 무엇을 마실까 무엇을 입을까를 구하지 말라고 하셨습니다. 도리어 하나님의 나라를 구하라고 말씀하셨습니다.

그럼 주의 교훈대로 우리가 하나님의 나라를 위해서 간절히 기도하는 그 은밀한 기도의 행위를 이어 간다면 하나님께서는 비로소 갚아 주시는 것입니다. 당신의 나라를 위해 이토록 간절하고 성실하게 기도하는 자녀들에게 아버지께서는 갚아주시는 것입니다. 그때에 이 모든 것을 더해 주시는 줄 믿으시기 바랍니다.

그래서 예수님은 기도에 대해 "네 아버지께서 갚으시리라"는 말씀을 하신 것입니다. 그러므로 여러분, 갚으시는 은혜를 받기 위하여 항상 하나님의 나라를 위한 기도를 드리는 믿음의 자녀들이 되시기 바랍니다. 하나님은 믿음을 기뻐하십니다. 하나님을 믿으시기 바랍니다. 우리의 바라는 것은 오직 하나님의 나라요, 구하는 것도 하나님의 나라입니다.

마태복음 6:9-13

9. 그러므로 너희는 이렇게 기도하라 하늘에 계신 우리 아버지여 이름이 거룩히 여김을 받으시오며
10. 나라이 임하옵시며 뜻이 하늘에서 이룬 것 같이 땅에서도 이루어지이다
11. 오늘날 우리에게 일용할 양식을 주옵시고
12. 우리가 우리에게 죄 지은 자를 사하여 준것 같이 우리 죄를 사하여 주옵시고
13. 우리를 시험에 들게 하지 마옵시고 다만 악에서 구하옵소서 (나라와 권세와 영광이 아버지께 영원히 있사옵나이다 아멘)

예수님은 제자들에게 기도를 가르치셨습니다. 우리가 주기도문, 또는 주의 기도라고 부르는 내용입니다. 이것은 마태복음에서는 산상수훈의 교훈에 이어지는 말씀이었습니다. 이방인들과 같이 중언부언하지 말고 하나님 앞에 이렇게 기도하라는 것이었지요.

이방인같이 기도하는 사람들은 말을 많이 하여야 들으실 줄 생각하지만 실상 하나님은 우리가 구하기 전에 우리에게 있어야 할 것을 아신다는 말씀이었습니다.

예수님이 가르치신 것은 하나님은 들으시는 하나님, 이미 아시는 하나님, 또 갚으시는 하나님이십니다. 하나님 아버지는 모든 선한 일에 대하여, 또 모든 바른 기도에 대하여 갚으시는 분이십니다.

또 모든 악에 대하여도 갚으시는 하나님이십니다. 모든 죄악은 온 세상을 통치하시는 하나님을 도발한 것이기 때문입니다. 또한 하나님의 자녀들과 종들에 대한 죄이기 때문에 아버지이신 하나님께서 갚으시는 것입니다. 그러므로 우리는 선한 일만 해야지 우리가 복수하거나 죄를 갚으려고

들어서는 안됩니다. 우리는 다만 선한 일을 해야만 하고 심지어 저주조차도 하지 말라고 말씀하셨습니다. 도리어 그들을 축복하라고 하셨습니다.

그러면 우리가 빈 축복이 그들에게 합당치 않으면 우리 머리로 되돌아 올 것이라 하셨습니다. 그러므로 항상 축복의 사람만이 되십시다.

주님께서 가르치신 기도는 온전히 하나님의 나라를 위한 기도를 어떻게 해야 하는가를 모본으로써 제시해 주신 내용입니다. 먼저 하늘에 계신 아버지를 찾으며 그의 이름이 거룩히 여김을 받으실 것을 기도합니다. 또 아버지의 나라가 임하옵시며, 뜻이 하늘에서와 같이 땅에서도 이루어지이다. 모두 하나님의 나라와 하나님의 뜻을 위하여 기도하는 내용입니다.

많은 이들이 그러나 그 다음에 일용할 양식을 구하라고 하지 않았느냐? 이것은 우리를 위한 기도가 아니냐? 그럼 이것을 '무엇을 먹을까 무엇을 마실까 염려하지 말라 이는 다 이방인들이 구하는 것이라'고 하신 말씀과는 어떻게 되느냐고 반문하거나 주장할 수 있습니다.

주님께서 "오늘날 우리에게 일용할 양식을 주옵시고"라고 구하도록 가르치신 기도문을 잘 읽어 보시기 바랍니다. 양식이 넘치게 해 달라거나 많은 소득은 얻도록 복을 달라는 기도가 전혀 아님을 알 수 있습니다. 오늘도 그렇지만 당시의 바리새들로부터 만연된 세계관은 세상의 부가 많아질수록 하나님의 축복이다라는 사상이었습니다. 그들은 부를 원했습니다. 지금도 일용할 양식만 얻어서 언제 8-9억씩 하는 아파트를 장만할 것이며 언제 하고 싶은 것 다 하고 살겠습니까? 그런데 예수님은 오늘 우리에게 일용할 양식을 주옵소서라고 기도하라고만 가르치셨습니다. 이래도 이 기도문이 우리를 위한 기도문으로 보이시는지요? 이 기도는 도리어 기도하는 사람의 마음에서 세상을 제하고 마음을 정결케 하는 기도인 것입니다.

"오늘날 우리에게 일용할 양식을 주옵시고"

또 우리의 용서의 문제, 그리고 마귀와의 싸움 속에 사는 인생이 날마다 마귀의 시험과 공격으로부터 보호를 구하는 것은 하나님의 나라를 위한 기도의 부분입니다. 군인이 전투에서 승리를 구하는 것은 그의 나라를 위한 애국의 기도인 것과 같습니다.

이처럼 예수님께서 제자들에게 가르치신 기도는 우리가 하나님께 무엇을 어떻게 구해야 할지를 완전하게 가르쳐 주신 기도의 본입니다. 따라서 우리의 모든 기도는 항상 이 주기도문의 확장으로 드려져야 합니다. 그러면 기도를 배우기 시작한 분들도 기도를 쉽게 시작하고 잘 성장해 나갈 수 있습니다. 처음에는 이 주기도문 자체를 자기 기도로 드리고 점차 이 주기도문을 각각의 주제로 삼아서 나의 마음을 담아 기도하면 한 시간 기도도 어렵지 않게 하나님께 기도할 수 있습니다.

이렇게 하나님의 나라만을 위한 기도를 날마다 드리게 되면 우리의 인생관이 바뀌게 됩니다. 또 우리의 세계관도 변화합니다. 그리고 성경의 말씀들이 깨달아지기 시작합니다. 그러면 우리의 인생은 어디로 가나요? 뒤에 이어져 교훈들이 나오지만 염려하지 마십시오. 그리하면 이 모든 것을 너희에게 더하시리라고 말씀하셨기 때문입니다. 할렐루야!

내가 내 인생 문제를 붙들고 안달하고 씨름하는 것보다도 더 형통하고 잘되도록, 또 살아갈 수 있도록 충분한 은혜를 베풀어 주시는 줄 믿습니다. 나는 지금껏 이것을 체험해 왔고 주의 말씀을 깨달은 날로부터 이 말씀대로 살아오고 있습니다.

먼저는 내 안에 세상 욕심을 버리는 것이고 다음은 하나님께서 채워 주시는 것을 체험하게 되며 그 다음으로는 내가 부족함이 없으리로다 하는 다윗의 고백을 하게 되는 것입니다. 세상 욕심을 버리시기 바랍니다.

오늘 주님께서 가르치신 기도를 내 평생의 기도의 본으로 삼아 이 기도

문을 따라 기도하며 하나님의 나라를 구하고 얻어 나가시기 바랍니다.

마태복음 6:14-21

14. 너희가 사람의 과실을 용서하면 너희 천부께서도 너희 과실을 용서하시려니와
15. 너희가 사람의 과실을 용서하지 아니하면 너희 아버지께서도 너희 과실을 용서하지 아니하시리라
16. 금식할 때에 너희는 외식하는 자들과 같이 슬픈 기색을 내지 말라 저희는 금식하는 것을 사람에게 보이려고 얼굴을 흉하게 하느니라 내가 진실로 너희에게 이르노니 저희는 자기 상을 이미 받았느니라
17. 너는 금식할 때에 머리에 기름을 바르고 얼굴을 씻으라
18. 이는 금식하는 자로 사람에게 보이지 않고 오직 은밀한 중에 계신 네 아버지께 보이게 하려 함이라 은밀한 중에 보시는 네 아버지께서 갚으시리라
19. 너희를 위하여 보물을 땅에 쌓아 두지 말라 거기는 좀과 동록이 해하며 도적이 구멍을 뚫고 도적질하느니라
20. 오직 너희를 위하여 보물을 하늘에 쌓아 두라 거기는 좀이나 동록이 해하지 못하며 도적이 구멍을 뚫지도 못하고 도적질도 못하느니라
21. 네 보물 있는 그 곳에는 네 마음도 있느니라

  산상수훈은 이제 **용서**에 대한 문제, 금식하는 태도에 대한 교훈으로써 기도에 대한 부분이 마쳐집니다.

  용서에 대한 것은 성경에 여러 차례 나타납니다. 그만큼 이것은 우리의 삶에 자주 마주치게 되는 문제이기 때문입니다. 우리는 용서해야 합니다. 나에게 잘못한 다른 사람의 과실을 내 마음으로부터 용서해야 합니다. 이걸 확대해서 논쟁으로 끌고 가면 한이 없습니다. 내가 전쟁터에 나갔다면? 내가 격투기 선수로 링에 올랐다면? 내가 나라나 단체를 다스리는 지도자라면? 개나 짐승이 나를 문다면? 엘리사가 자기를 조롱하는 아이들을 저주한 사건은? …… 모두 답할 수 있습니다. 그러나 여기서 중요한 핵심은 나

개인이 나에게 잘못한 사람에 대한 미움과 개인적인 복수심을 버리는 것입니다. 내가 갚으려는 의지가 잘못된 것이 아니라 나도 용서받아야 할 죄가 있는 죄인인지라 하나님 앞에 용서하고 나 또한 하나님께 죄 용서를 구해야 하는 것입니다.

나 개인에게 관한 원한과 타인의 잘못에 대한 분노를 버리십시다. 예수님의 말씀입니다. 죄를 갚아 주지 않는 것입니다. 대가를 치르게 만들어 주지 않는 것입니다. 하나님 앞에 아뢰고 용서하고 버리는 것입니다. 내 죄를 안고 고민하기도 벅찬데 실상은 내 죄보다 남의 죄를 안고서 더 큰 시름을 하는 게 우리들입니다.

큰 은혜의 말씀은 하나님께서 대신 갚아 주시겠다고 성경에 약속하신 부분입니다. '원수 갚는 것이 내게 있으니 내게 맡기라'고 하나님께서 말씀하십니다. 그러므로 우리의 마음과 태도를 용서의 태도로 전환해야 합니다.

우리가 이렇게 다른 사람을 용서하지 않으면 우리도 하나님께 용서받지 못합니다.

또 **금식할 때에** 오직 하나님 앞에 은밀하게 금식해야 함은 기도에 대한 5절의 교훈과 원리가 같습니다. "은밀한 중에 보시는 네 아버지께서 갚으시리라" 말씀하셨습니다. 우리의 모든 영적인 신앙 행위는 사람들에게 보이게 하는 게 아니라 하나님께서만 보시도록 최대한 은밀하게 하는 것이 옳습니다. 하나님은 거룩하시기 때문입니다. 거룩하고 귀한 일일수록 숨기고 은밀하게 하는 것이 맞기 때문입니다.

내가 잘하는지 못 하는지 사람 앞에 인정받으려 하거나 사람 앞에 판단받기를 두려워해서도 안 됩니다. 하나님께서만 아시면 됩니다. 하나님께서 나를 불충하게 보실까를 두려워해야 합니다. 하나님께서 인정하시면 사람 앞에서도 때가 되면 세워 주시든지 말든지 할 것입니다. 그러나 그건 하나님께서 섭리하실 일이고 내가 나를 드러내려 하면 안 되고 도리어 숨겨야 합니다. 기독교 신앙의 미덕은 아름답고 귀한 일일수록 숨기고 가리는 것입니다. 은밀하게 선한 일을 하는 것이 기독교 신앙의 미덕입니다. 여러분도 매사를 그렇게 하시기 바랍니다.

19절엔 우리의 **보물에 관한 교훈**입니다. 어떻게 보물을 모아 두어야 하는가에 대한 말씀입니다. 쉽게 말하면 선한 일을 위해 다 써 버리라는 말씀입니다. 우리는 이 세상 사람이 아니기 때문입니다. 우리가 들어갈 저 세상 나라는 영원한 나라이기 때문에 그 나라에 보물을 쌓아 둘 필요가 있습니다. 그 방법은 이 세상에서 보물을 벌어서 가난한 자를 구제하고 하나님의 복음을 위해 쓰는 것입니다. 모으려고 버는 것이 아니라 써서 없애려고 버는 것이어야 합니다.

재산 축적에 대한 예수님의 교훈입니다. 교회에 이런 부자들이 많아지길 간구합니다. 잘 쓰는 부자인 것이지요. 잘 쓰는 자가 부자가 됩니다. 예수님은 세상에서 부자 되는 법을 알려 주셨는데 주님과 주님의 복음을 위하여 버린 자마다 금생에서 백배나 더하여 갚아 주실 것이고 또 내세에 영생을 얻을 것이라고 말씀하셨습니다.

세상에선 잘 투기하고 잘 숨겨 두는 자라야 하고 다른 사람의 돈을 어떻게 해서든지 잘 털어 내 주머니에 채워야 부자가 될 수 있습니다만 주님의 제자들은 잘 쓸수록 부자가 됩니다. 우리 교회를 보나 우리 제자들을 보나 이것을 깨달을 수 있지 않습니까? 이것은 믿음의 세계입니다. 누구나 알기는 하지만 누구나 쉽게 하지는 못하는 것이 믿음의 세계입니다.

이런 일을 하는 우리 교회에 복을 더욱 주시고, 이런 일이 되기까지 자신의 것을 아끼지 않고 하나님께 드렸던 성도들에게 하나님께서 더욱더 귀한 것들로 부어 주셨고 또 그리하실 것입니다. 없어서 못하는 사람은 계속 없습니다. 믿음의 마음으로 드리고자 하는 마음으로 구하면 벌 수 있는 길을 열어 주시고 그 드린 것을 통해 더 큰 길들을 열어 주시는 것입니다. 세상과 교회는 완전히 다른 세계입니다. 이 두 원리를 하나 되게 만들려는 자들이 세속적인 교회를 만들어 버린 것입니다. 그래서 교회의 생명력이 죽고 믿음이 사라지고 정치만 남은 교회가 되어 버리는 것입니다. 그러는 자들에게 화가 있을진저.

우리는 참된 믿음의 세계, 참 하나님의 나라를 추구해야 합니다. 이 세상을 살지만 저 세상의 사람으로서 이 세상 위에서 High Life를 살아가는 참 제자들이 되시기를 바랍니다.

마태복음 6:22-23

22. 눈은 몸의 등불이니 그러므로 네 눈이 성하면 온 몸이 밝을 것이요
23. 눈이 나쁘면 온 몸이 어두울 것이니 그러므로 네게 있는 빛이 어두우면 그 어두움이 얼마나 하겠느뇨

우리의 가장 귀한 것들 즉 우리의 시간과 우리의 물질을 가장 많이 두는 곳에 우리의 마음도 함께 갑니다. 네 보물이 있는 그곳에는 네 마음도 있느니라고 말씀하셨습니다. 또 이 말씀은 우리의 마음이 진정 천국 소망으로 충만하기 위한 방법을 가르쳐 주는 것이기도 합니다. 돈을 쓰면 마음이 생깁니다.

우리의 병들고 타락한 마음이 빠른 시간에 생명으로 살아나고 충만케 되려면 물질 사용의 변화가 반드시 함께 일어나야 합니다. 말로 하는 신앙고백이 참되고 실재가 되려면 그 뒤에 우리가 물질을 천국을 위해 쌓아 두는 행위가 일어나야 합니다. 그것을 전제로 '입으로 시인하여 구원을 얻는다'는 말씀이 나온 것입니다. 이 기초적인 전제를 무시하고 마음으로 소위 감정적으로 믿고 입으로 신앙을 고백하고 사랑을 고백하기만 하는 사람들이 참 적지 않을 것입니다.

네 보물이 있는 그곳에는 네 마음도 있느니라 하신 예수님의 말씀을 항상 마음에 새기고 진정한 천국 사람으로 사시기 바랍니다.

22-23절은 갑자기 이어져 기록된 말씀입니다. 이 장을 예수님께서 한 자리에서 쭉 이어서 하신 말씀을 녹취록처럼 기록한 것으로 이해할 필요는 없습니다. 마태복음은 이 모든 일 후에 마태가 또는 마태의 제자들이 기억들과 자료들을 정리하여 복음서로써 편집한 것입니다. 물론 성령께서 이

과정에 역사하신 줄로 믿어 의심치 않습니다.

그렇기 때문에 마태복음의 산상수훈은 마치 구약의 신명기처럼 예수님께서 산에 오르사 말씀하신 것으로 묘사하여 실제로도 그런 일이 있으셨겠습니다만 여기에 예수님께서 설교하신 가장 핵심적인 교훈들을 집약해서 편집해 놓은 것입니다. 구약의 율법이 시내산에서 하나님이 말씀하신 것이 전부는 아닙니다. 그러나 신명기 레위기 등의 법전은 하나님께서 시내산에서 모세에게 말씀하신 율법을 기초로 하여 정리되고 해석되고 편집된 율법책입니다.

마찬가지로 산상수훈으로 기록된 예수님께서 직접 말씀하신 어록들은 이후의 기독교 신앙의 모든 해석과 각론을 이해하고 파악하는 데에 근간이 되는 교훈이라 할 수 있습니다. 율법이 시내산의 하나님의 어록으로부터 출발했듯이 (안타깝게도 그 어록의 원본은 찾을 수 없지만) 기독교 신앙의 모든 계명들은 예수님의 산상수훈에서 시작되고 귀결되어야 하는 것입니다. 이것이 산상수훈의 중요성입니다.

그 가운데 22-23절은 앞뒤 문맥과 연결되지 않는, 그러나 매우 심오한 주님의 말씀 한 줄이었습니다. "눈은 몸의 등불이니 그러므로 네 눈이 성하면 온 몸이 밝을 것이요 눈이 나쁘면 온몸이 어두울 것이니 그러므로 네게 있는 빛이 어두우면 그 어두움이 얼마나 하겠느뇨?" 저는 자연광을 좋아하기 때문에 저녁에는 좀 어두워도 조명을 약간만 켜는 걸 좋아합니다만 제 아내는 빛이 환하고 밝은 걸 좋아합니다. 침침해서 불편하다는 것이지요. 실제로 저보다 밤눈도 어둡습니다. 저는 아직도 밤눈이 밝습니다. 그래도 같이 있을때는 제가 양보를 주로 합니다. 자 사람이 어둡다 밝다고 느끼는 것이 외부의 빛의 조도에 따라 밝다 어둡다고 생각하지만 그것은 일차원적인 생각입니다. 실제로 밝고 어두운 것은 자기 눈의 상태에 따라 다른 것입니다.

눈은 몸의 등불이라 말씀하셨습니다. 몸은 우리 인생의 본체입니다. 눈은 모든 것을 정확히 보고 분별하는 지체입니다. 왜 우리의 판단이 우리를 둘러싼 주변인들과 주변 상황에 따라 달라져야 합니까? 왜 세상 풍조에 따라 착시를 일으켜야 합니까? 눈이 성하지 못하기 때문입니다.

눈이 성하지 못한 스승에게 배우면 그 제자도 눈이 성하지 못합니다. 예수님은 심지어 소경이 소경을 인도한다고 탄식하기까지 하셨습니다.

무엇보다 유대적인 배경에서 고대로부터 랍비들이 가르쳐 온 아인 토바(좋은 눈), 아인 라아(나쁜 눈, 악한 눈)라는 전통적인 교훈이 있었습니다.

전도서 2장 14절에도 지혜자는 눈이 밝고 우매자는 어두움에 다닌다고 하였습니다. 좋은 눈, 즉 밝은 눈은 하나님의 계명에 충실하여 이웃에 대해 헤세드의 마음을 품고 의를 실천하며 사랑을 베풀 줄 아는 것을 의미합니다. '부자와 나사로' 이야기에서 나타나는 부자가 바로 이런 나쁜 눈(아인 라아)을 가진 자의 표상입니다. 하나님의 의(쩨데크)는 가난한 이웃, 고아와 과부를 외면하지 않는 것입니다. 바울도 이것이 "참된 경건"이라고 말씀하였습니다.

세상과 인생을 제대로 볼 줄 아는, 즉 하나님의 계명에 충실하고자 하는 좋은 눈이 있으면 그의 온 인생이 빛 가운데 살아가게 될 것입니다. 내 눈이 성하면 내 인생을 밝게 살 수 있고, 내 영혼은 밝은 빛 가운데로 걸어갈 수 있는 것입니다. 할렐루야!

눈은 몸의 등불입니다. 인생이 눈에서 시작된다는 예수님의 교훈입니다. 밝은 인생을 살려거든 다른 어떤 것보다 제대로 된 눈, 밝은 눈(아인 토바)을 가진 사람이 되시기 바랍니다.

마태복음 6:24-34

24. 한 사람이 두 주인을 섬기지 못할 것이니 혹 이를 미워하며 저를 사랑하거나 혹 이를 중히 여기며 저를 경히 여김이라 너희가 하나님과 재물을 겸하여 섬기지 못하느니라
25. 그러므로 내가 너희에게 이르노니 목숨을 위하여 무엇을 먹을까 무엇을 마실까 몸을 위하여 무엇을 입을까 염려하지 말라 목숨이 음식보다 중하지 아니하며 몸이 의복보다 중하지 아니하냐
26. 공중의 새를 보라 심지도 않고 거두지도 않고 창고에 모아 들이지도 아니하되 너희 천부께서 기르시나니 너희는 이것들보다 귀하지 아니하냐
27. 너희 중에 누가 염려함으로 그 키를 한 자나 더할 수 있느냐
28. 또 너희가 어찌 의복을 위하여 염려하느냐 들의 백합화가 어떻게 자라는가 생각하여 보라 수고도 아니하고 길쌈도 아니하느니라
29. 그러나 내가 너희에게 말하노니 솔로몬의 모든 영광으로도 입은 것이 이 꽃 하나만 같지 못하였느니라
30. 오늘 있다가 내일 아궁이에 던지우는 들풀도 하나님이 이렇게 입히시거든 하물며 너희일까보냐 믿음이 적은 자들아
31. 그러므로 염려하여 이르기를 무엇을 먹을까 무엇을 마실까 무엇을 입을까 하지 말라
32. 이는 다 이방인들이 구하는 것이라 너희 천부께서 이 모든 것이 너희에게 있어야 할 줄을 아시느니라
33. 너희는 먼저 그의 나라와 그의 의를 구하라 그리하면 이 모든 것을 너희에게 더하시리라
34. 그러므로 내일 일을 위하여 염려하지 말라 내일 일은 내일 염려할 것이요 한 날 괴로움은 그날에 족하니라

한 사람이 두 주인을 섬기지 못할 것이니. 당연한 이치를 말씀하신 것은 우리가 하나님과 재물을 겸하여 섬기지 못한다는 이치를 가르치시기 위한 것입니다.

우리의 기대는, 아니 우리가 은연 중에 가지고 있는 신념은 하나님과 재물을 동시에 섬기는 것, 동시에 둘 다 사랑하는 것입니다. 더 나아가 하나님과 재물이 하나의 범주 안에 속하여 하나님 안에 재물이 있는 그림으로 우리의 세계관을 그립니다.

그러므로 우리가 하나님을 사랑할수록 하나님이 우리에게 재물을 주신다는 명제를 가지는 것이지요. 많은 설교들이 그런 명제를 확대해서 여러 가지 모양으로 강단에서 은혜의 메세지를 선포합니다. 그러므로 교회가 부흥할수록 부유해지는 게 당연하고 성도가 하나님께 복을 받을수록 부유해지는 건 당연한 것입니다.

어느새 하나님과 재물은 한편이 되어 있는 것입니다. 이게 바리새인들의 신앙관이었고 세계관이었습니다. 우리와 얼마나 닮아 있습니까? 그런데 예수님은 이것을 깨뜨리셨습니다. 하나님과 재물은 한편이 아니라는 말씀입니다. 하나님과 재물은 같은 쪽에 있지 않고 반대편에 있었던 것입니다.

당시 유대인들의 세계관이 쪼개지는 말씀을 선포하신 것입니다. 이렇게 복음서 초두에 이 말씀이 명확하게 기록되어 있거늘 우리는 왜 하나님과 재물이 하나인 것처럼 믿고 기대하며 살아온 것일까요? 설교자들의 죄악입니다. 하나님 안에 재물이 있다, 하나님이 사랑하시는 자에게 재물을 주신다. 하나님과 재물을 한편에 몰아넣고 가르침으로써 복음이 사람들에게 쉽게 받아들여지게 되고 교회는 빠른 성장을 이루었습니다.

그리고 대부분의 사람들은 하나님을 부르짖으면서 마음속으로는 재물을 바라보았던 것입니다. 내가 하나님께 이만큼 했으니 기대하는 것이지요.

예수님이 처음부터 아니라고 말씀하셨는데 어쩌면 이렇게 귀를 막고서 치달아 왔는지요?

우리는 재물을 사랑하지 말아야 합니다. 재물을 중히 여기지 말아야 한다고 말씀하셨습니다. 우리는 하나님만을 사랑해야 하고, 하나님만을 중히 여겨야 합니다.

그리고 염려하지 말라고 하셨습니다. 세상 재리의 유혹과 염려에 기운이 막혀 결실치 못하고 죽어 버린 씨앗들이 가시덤불에 뿌려진 씨앗이었습니다. 교회가 사람들을 옥토가 아니라 온통 가시덤불 밭으로 만들어 가는 게 아닌가 싶을 정도로 세계관이 혼탁해져 있습니다.

하나님은 당신의 자녀들을 살게 해 주십니다. 목숨이 중하냐 음식이 중하냐? 당연히 목숨이지요. 그러면 하나님이 목숨까지 주셨는데 음식을 안 주시겠느냐? 몸이 중하냐 의복이 중하냐? 하나님이 몸을 주셨는데 어찌하여 의복을 위해 염려하느냐?는 말씀입니다. 염려로 살지 말고 믿음으로 살라는 말씀입니다. 그러면 하나님께서 입도록 해 주시고 먹도록 해 주시는 줄 믿으시기 바랍니다.

오늘 있다가 내일 아궁이에 던지우는 들풀도 하나님이 이렇게 입히시거늘 하물며 너희일까보냐 믿음이 적은 자들아!

먹을 것 입을 것을 위해 염려하며 구하는 것은 이방인들이 구하는 것이라고 말씀하셨습니다. 옳습니다. 기복주의적인 기도와 염려는 다 이방 종교에서 하는 기도들입니다. 그것들은 전부 염려로부터 기인하는 기도들입니다. 기도는 염려에서 출발하는 것이 아니라 믿음에서 출발해야 합니다. 하나님을 믿으시기 바랍니다.

이방인의 기도가 한국 교회에서 사라져야 합니다.

성도의 기도는 먼저 그의 나라와 그의 의를 구하는 것이어야 합니다. 하나님의 나라를 위한 기도, 하나님의 의, 우리의 의로움을 위한 기도여야 합니다. 하나님의 나라가 임하시고 하나님의 의가 이루어지는 우리 삶을 위해 기도하라는 말씀입니다. 그리하면 이 모든 것을 우리에게 더하시리라고 말씀하셨습니다. 믿으시면 아멘 하시기 바랍니다.

"그러므로 내일 일을 위하여 염려하지 말라 내일 일은 내일 염려할 것이요 한 날 괴로움은 그날에 족하니라" 주님은 다시 한번 말씀하셨습니다.

상황에 맞게 하나님께서는 우리에게 살아갈 길을 열어 주십니다. 들의 백합화에게는 비와 햇볕을 내려 주시고 공중의 참새에게는 주워 먹을 양식들을 찾게 하시고 둥지 틀 바위틈을 얻게 하십니다.

하나님의 나라, 즉 하나님의 복음을 위한 생각과 기도로 가득하시기 바랍니다. 하나님의 의가 내 안에 온전히 이루어지기를 날마다 구하시기 바랍니다. 또 이 땅에 하나님의 의가 이루어지도록 기도해야 합니다. 이렇게 성도의 기도를 드리는 매일의 일상이 되어 하나님의 참사랑과 손길을 체험하시기 바랍니다.

마태복음 7:1-6

1. 비판을 받지 아니하려거든 비판하지 말라
2. 너희의 비판하는 그 비판으로 너희가 비판을 받을 것이요 너희의 헤아리는 그 헤아림으로 너희가 헤아림을 받을 것이니라
3. 어찌하여 형제의 눈속에 있는 티는 보고 네 눈속에 있는 들보는 깨닫지 못하느냐
4. 보라 네 눈속에 들보가 있는데 어찌하여 형제에게 말하기를 나로 네 눈속에 있는 티를 빼게 하라 하겠느냐
5. 외식하는 자여 먼저 네 눈속에서 들보를 빼어라 그 후에야 밝히 보고 형제의 눈속에서 티를 빼리라
6. 거룩한 것을 개에게 주지 말며 너희 진주를 돼지 앞에 던지지 말라 저희가 그것을 발로 밟고 돌이켜 너희를 찢어 상할까 염려하라

예수님께서는 비판을 받지 않으려거든 비판하지 말라고 말씀하셨습니다. 이는 물론 비판받고 싶으면 비판해도 좋다는 말씀은 아닌 줄 믿습니다. 또 옳고 그른 것을 분별해서도 안 된다는 말씀 또한 아닙니다. 주님은 도리어 바른 분별력 없는 것을 책망하셨습니다.

여기에 사용된 '크리노, 크리마'라는 헬라어는 단지 어떤 것을 비난하는 것과 함께 어떤 결정, 판결, 단정적인 의미를 가지고 있는 용어입니다. 사실 우리가 누군가를 비난한다면 이미 그 비난은 단지 비난 자체가 전부가 아닙니다. 비난이란 마음에 그의 잘못에 대한 판결이 내려졌기 때문에 비난의 감정과 말이 나오는 것입니다. 그러나 우리의 판결이 과연 흠결 없이 정확할 수 있습니까?

우리가 옳고 그른 것을 분별을 해야 한다고 믿습니다. 그러나 사실상 우리가 가능하게 되는 분별이란 것은 부분적인 한계에 머무르고 있습니다. 인간의 분별력은 본질적으로 한계성을 지니고 있습니다. 다시 말해 우리

는 그 이전의 배경까지 분별해 알지는 못한다는 것입니다.

그래서 우리는 어떤 상황의 실상에 대해 정확한 분별을 하는 것과 어떤 말과 행동에 대한 바른 지식에 입각해 옳고 그름을 분별하는 것까지가 최선입니다. 그 이상은 깊이의 차이가 있을 뿐 우리는 하나님처럼 완전하게 다른 사람을 알 수 없습니다.

그러므로 우리는 비판을 삼가야 합니다. 우리는 이 말씀을 자주 기억해야 합니다. 그리고 마음에 새겨 주셔서 비판하는 죄가 완전히 사라지기를 성령님의 도움을 간구합니다.

상황을 파악하고 옳고 그름을 아는 데서 멈추어야 합니다. 모든 것을 판단하실 분은 오직 한 분, 의로우신 재판장이신 하나님뿐이십니다. 산상수훈을 강해하면서 내 자신이 이 말씀을 가르칠 만큼 아직 자격이 충분치 못함을 깨닫습니다. 하나님께서 이런 부족한 종을 불쌍히 여겨 주사 긍휼을 베풀어 주시기를 간구합니다.

비판을 받지 아니하려거든... 또 너희가 비판하는 그 비판으로 너희가 비판을 받을 것이요...라고 주님께서 말씀하셨는데, 사실 사람들에게 비판받는 것도 괴롭기는 하지만 그들 역시 나를 다 알지는 못합니다. 따라서 그들의 쏘는 화살은 과녁을 정확히 맞추지는 못하는 비판들일 뿐입니다. 다시 말해 인간들의 비판은 딱히 두려워할 부분이 아니라는 것입니다. 예수님께서 말씀하신 비판은 거룩하시고 흠결 없으시며 완전하신 하나님으로부터의 판단입니다.

산상수훈은 우리에게 일방적인 긍휼이나 용서를 요구하지 않습니다. 주님께서 먼저 범죄 한 우리를 사랑하시고 용서하셨다는 것을 상기시킵니다. 우리는 그처럼 형제를 용서해야 하고, 비판을 멈추어야 합니다. 그래야 하나님께서도 우리의 죄를 사하여 주시고 우리를 정죄하지 않으시리라고 말씀하는 것입니다.

하나님과 우리의 관계만 있다고 가정하면 십자가로 다 해결될 수 있습니다. 그러나 실상은 우리는 하나님과 나만의 관계에 더해 나와 다른 형제와의 관계가 이어져 있습니다. 산상수훈의 교훈은 나와 하나님과의 관계만으로 이루어지는 신앙은 없다는 것입니다. 이것이 복음만으로 나와 하나님과의 관계가 다 설명될 수 없는 이유입니다. 나와 하나님과의 관계는 나와 다른 형제와의 관계 여부에 큰 부분이 좌우됩니다. 마치 $y=f(x)$의 함수처럼 y가 하나님과의 관계성이고, f가 나의 신앙이라면 x는 나와 다른 형제와의 관계에서의 나의 태도에 해당한다 설명할 수 있습니다. 이것은 사실 구약의 토라의 교훈과 동일하며 선지자들의 메시지와 맥을 같이하는 교훈입니다.

많은 오해가 신앙이라는 것을 자기 자신과 하나님과의 관계 내에서만 생각하는 데서 빚어집니다. 하나님께 인정받고 하나님께 사랑받는 나라는 것은 내가 하나님께만 잘하는 것만으로는 이루어질 수 없는 목표입니다. 구약과 신약의 모든 교훈들을 되짚어 볼 수 있다면 그리해 보시기 바랍니다. 모두 이 교훈과 일치하는 것을 발견할 수 있습니다.

기독인과 개독인은 모음 하나의 차이입니다. 왜 그런 말이 만들어졌을까요? 부정을 저지르고, 또는 다른 사람을 성추행하기까지 하고 온갖 이기적인 행동을 하면서도 회개를 하면 용서를 받는다는 식의 행태를 보여 온 수많은 개독교인들 때문에 만들어진 말이 아니겠습니까?

그럴까봐 복음서 초두에 산상수훈으로 이토록 교훈을 명시해 놓았거늘 우리는 이 교훈을 무시하고 $y=f$라는 식으로 함수를 등식으로 바꾸어 버린 것입니다. 그러나 주님의 말씀은 일점일획도 떨어지지 않습니다. 여기에 중대한 (x)를 떨어내고 살고 나서 하늘나라에 들어가겠다고 하는 사람은 하늘에서도 그들을 떨어내실 것을 분명히 경고하고 있습니다. 그것이 이 7장 뒷부분에 나오는 말씀입니다.

어떤 사역보다 중요한 것이 내가 주님의 계명을 지키며 살아가는 삶의 내용입니다. 이는 뒤에 가서 이야기하겠습니다.

오늘 우리는 주님의 말씀을 기억하고 판단하는 죄에서 온전히 떠나 신령하되 온유하고 겸손한 인생이 되기를 간구하십시다.

마태복음 7:7-12

7. 구하라 그러면 너희에게 주실 것이요 찾으라 그러면 찾을 것이요 문을 두드리라 그러면 너희에게 열릴 것이니
8. 구하는 이마다 얻을 것이요 찾는 이가 찾을 것이요 두드리는 이에게 열릴 것이니라
9. 너희 중에 누가 아들이 떡을 달라 하면 돌을 주며
10. 생선을 달라 하면 뱀을 줄 사람이 있겠느냐
11. 너희가 악한 자라도 좋은 것으로 자식에게 줄줄 알거든 하물며 하늘에 계신 너희 아버지께서 구하는 자에게 좋은 것으로 주시지 않겠느냐
12. 그러므로 무엇이든지 남에게 대접을 받고자 하는대로 너희도 남을 대접하라 이것이 율법이요 선지자니라

구하라, 찾으라, 두드리라! 너무나 유명하고 우리가 잘 아는 말씀입니다. 공관 복음에서는 이 구절의 결론이 "하물며 너희 천부께서 구하는 자에게 성령을 주시지 않겠느냐 하시니라"(눅 11:13)라고 기록되어 있습니다. 여기 마태복음에서는 "하물며 하늘에 계신 너희 아버지께서 구하는 자에게 좋은 것으로 주시지 않겠느냐"로 기록되어 있습니다. 그러므로 이 결론 절의 가장 확실한 의미 하나는 하나님께서는 우리가 구할 때에 성령을 주신다는 말씀입니다. 성령은 모든 좋은 것 가운데 가장 좋은 것이기 때문입니다.

그러면 우리는 무엇을 구해야 할까요? 우리는 앞부분에서 이방인들이 구하는 것들에 대해 이야기했습니다. 주님께서는 이런 것들을 염려하지 말라고 말씀하셨습니다.(6:31)

우리는 무엇을 구해야 할까요? 하나님께서는 또한 이 기도의 결론으로 성령을 주신다고 말씀하신 걸까요? 이 질문의 대답은 결국 하나입니다.

우리가 이 말씀에 의거해서 하나님께 구해야 하고 찾아야 하고 두드려

야 할 것은 그의 나라와 그의 의를 구하고 찾는 것입니다.

9절 10절에 예수님이 구하라 찾으라 두드리라 말씀하시면서 떡을 구하는 아이를 언급하시고 생선을 구하는 아들을 언급하신 것을 흘려듣고서 하나님께 떡과 생선 같은 우리에게 필요한 목록들을 구하고 찾는 것으로 생각하는 경우가 있을 수 있습니다.

그래서 이 약속의 말씀을 듣고 아멘 하는 사람들 중 상당수의 머릿속에 돈을 구하고 집을 구하고 세상의 여러 가지 절실한 것들을 구할 계획들이 떠오를 것입니다.

그런데 문제는 그렇게 간절히 구했는데 막상 살아보니 약속의 말씀처럼 살아지지는 않다는 점이 딜레마로 다가올 것입니다. 예수님의 말씀을 의심할 수도 없고, 구한 대로 이루어지지 않은 현실을 부정할 수도 없기 때문입니다.

우리가 마음을 비우지 않으면 하나님 말씀을 들을 때에 우리 마음에 원하는 욕구를 따라 이해가 변형되어 들어오기 쉽습니다. 많은 사람들이 그런 식으로 말씀을 날림으로 묵상하고 사람들의 욕구에 맞는 말씀을 전하며 교회를 성장시켜 왔습니다. 그러고는 누구도 검증할 수 없는 말로 그 성과를 설명합니다. '하나님의 성령의 역사로 이렇게 교회가 성장했다 할렐루야!' 하는 것입니다. 세월만이 과거의 이야기를 설명 가능하게 해 줄 것입니다. 다만 진실로 하나님의 나라를 찾고 그 의를 구하고 고민하며 두드리는 자에게만 오늘이라는 현재적 시점에 진위를 분별하게 해 주실 것입니다.

그러므로 다시 앞으로 돌아가서 예수님이 이 본문에서 우리에게 무엇을 구하고 찾고 두드리라고 말씀하신 것입니까? 돈이 아닙니다. 세상 것을 구하고 찾으라고 말씀한 것이 아닙니다. 하나님의 나라, 하나님의 의! 그것을 위하여 구하고 찾고 두드릴 때에 하나님께서 이 세상 가운데 당신의 역사를 베푸시고 또 구하는 그 사람에게 하나님의 나라를 주시고 성령을 주사 하나님의 의를 발견하게 해 주실 것입니다. 할렐루야!

결과가 말해 줍니다. 과정이, 목표가 옳았는지를 말입니다. 제가 오래 전에 고민하던 일이 기억납니다. 당시 교계에 화제의 주인공이던 목사님이 빤질빤질 빛나는 얼굴로 당당하게 말씀을 증거하던 장면이 지금도 찾아 보면 자료가 있습니다. 그때 그분은 자신의 간증을 말씀하면서 오늘의 목회적 결과에 대해 이야기했습니다. 그 당시에 제가 결국 결론을 내린 것은 '이처럼 은혜가 충만한 교회로 크게 성장되었는데 그 결과로써 그의 진실성과 영성을 말해 주는 것이다' 였습니다.

교회 성장은 하나님의 뜻이다! 유명한 교회 성장학의 선구자인 피터 와그너 박사의 구호였습니다. 우리 모두가 복창하며 달려왔습니다. 지금까지도 교회 성장학에 목을 매는 목사들이 많습니다.

세월이 흘러 저의 관점이 많이 달라졌습니다. 목회적 과정을 검증하는 결과로써 교회 성장을 지표로 사용하는 것이 옳은가? 하는 것입니다. 지금의 대답은 NO입니다. 교회 성장은 개연성은 보여 줄지 몰라도 그것이 목회의 진실성과 바른 내용이었는지를 검증하는 지표는 될 수 없습니다. 신약 성경 어디에도 교회 성장을 결과나 지표로써 언급한 구절이 단 한 군데도 나타나 있지 않습니다. 그리고 예수님이나 바울이나 모두 교회 성장학의 관점에서는 실패하고 고생만 하고서 마친 분들이 되어 버립니다.

결과가 과정을 말해 준다고 이야기할 때에 그럼 결과는 무엇으로 보아야 성경적으로 옳을까요? 목회 사역의 결과는 참된 제자의 여부에 달려 있습니다. 이에 대한 교훈이 이어지는 예수님의 산상수훈 말씀에 나와 있습니다.

성경 어디에도 교회 성장을 목표로 말씀한 교훈은 없습니다. 오직 예수님으로부터 제자를 만들라는 말씀들만이 반복적으로 주어져 있습니다. 복음이 세속적 가치와 기묘하게 얽혀서 탄생한 사생아가 교회 성장론입니다. 그 사생아는 미국의 실용주의 부흥이 일어나던 시대에 미국 교회에서 탄생했습니다. 목회적 사명과 세속적 필요가 기묘하게 얽혀서 마침내 양쪽 모두를 완벽하게 소화해서 얻을 수 있으며 목회자나 교인들 모두에게 윈(win)을 가져다 주는 경건스러운 복음주의적 사생아로 탄생한 것이 교회 성장학입니다. 한 가지 질문을 던지겠습니다. 이것을 주창해 오거나 이에 큰 성과는 나타낸 세계적인 목회자들의 이면에 얼마나 세속적인 비하인드 스토리가 많습니까? 예수님이나 바울이 목회와 세상적 성취를 함께 취했습니까?

참된 제자가 결과여야 합니다. 그러면 그의 과정이 옳았고 그의 추구가 바른 방향이었다고 말할 수 있습니다. 이는 성경의 이론이기 때문입니다.

다시 원점으로 돌아가서 우리는 무엇을 하나님께 구하고 찾고 두드려야 할까요?

주님께서 우리에게 명하신 참된 제자를 얻기 위하여 그런 제자를 만들고 세우기 위하여 하나님께 구하고 또 찾으며 하늘 문을 두드려야 하는 것입니다. 오늘 우리 제자들은 마침내 하늘 문이 저들에게도 열리는 체험을 통해 제자의 길에 들어설 수 있게 된 사람들이기 때문입니다. 이 말씀을 잘 새겨서 묵상하시기 바랍니다.

마태복음 7:12

12. 그러므로 무엇이든지 남에게 대접을 받고자 하는대로 너희도 남을 대접하라 이것이 율법이요 선지자니라

12절은 오래 전부터 황금률이라 불려 온 유명한 말씀입니다. 모든 룰 중에 최고의 룰이라는 것은 가장 근원이 되는 룰, 영원토록 바뀌지 않는 진리의 룰이라는 의미가 있습니다. 예수님이 말씀하신 이 교훈은 Golden Rule 입니다.

이것이 율법이고 이것이 선지자들의 예언의 핵심이라고 말씀하셨습니다. 그래서 이 말씀은 모든 율법의 근간이 되는 말씀이고 모든 선지자들이 예언한 예언의 근간이 되는 말씀이기도 한 것입니다. 그러니 골든룰이라는 호칭이 과언이 아닙니다.

이 말씀이 곧 율법입니다. 그 말은 이 말씀을 기초로 모든 율법과 예언들이 풀려진다는 의미입니다. 이 한마디 말씀대로만 살면 율법이 필요 없고 선지자조차 필요 없다는 말이 됩니다.

"그러므로 무엇이든지 남에게 대접 받고자 하는 대로 너희도 남을 대접하라"

이 말씀의 실천은 사람에게 대하는 것은 당연하고 하나님께도 마찬가지로 적용됩니다.

가장 기본이 되는 의의 말씀입니다. 내가 남에게 인색하게 대하면서 남으로부터 후한 대접을 받으려고 하면 의롭지 않습니다. 내가 남에게 도움이 필요할 때에 도움을 받기를 바란다면 나도 남이 필요로 할 때에 도움을 베풀어야 합니다. 그것이 의롭지요.

내가 남에게 친절한 대접을 받기 바라면 나부터 남에게 친절한 말과 행동을 베풀어야 마땅한 것입니다. 마땅한 것이 의로운 것입니다. 마땅하지 않은 생각을 품는 것이 죄입니다. 그것을 실천에 옮기면 범죄입니다. 죄의 삯은 사망입니다. 지옥 불에 들어갑니다.

마땅치 않은 생각을 품고 사는 인생들이 얼마나 많은지 모릅니다.

세상의 모든 불행은 사람들이 마땅하지 않은 생각을 품고 행동하는 데서 비롯됩니다. 애초에 하와가 선악과를 따 먹을 생각을 품는 것부터가 마땅치 않은 생각을 품은 것입니다. 그것을 조장하는 자가 바로 사탄입니다.

황금률은 우주의 근본 원리입니다. 이것은 하나님의 쩨데크입니다. 모든 미쉬파트는 쩨데크에 기초하고 있다고 배웠습니다.

내가 먼저 주는 것입니다. 순서가 내가 먼저라고 분명히 교훈하셨습니다. 그러면 모든 것을 주관하시는 하나님께서 내게 좋은 대접을 베풀어 주실 것입니다.

이것이 율법이요 선지자니라!

이 황금률이 곧 율법의 원리입니다. 하나님과의 관계에 있어서 먼저 우리에게 필요한 모든 것을 지으시고 우리를 창조하신 하나님께 우리는 지음받은 종으로서의 도리를 다해야 합니다. 즉 우상을 만들어 그것을 신이라 숭배하는 죄를 범치 말아야 합니다. 그것은 하나님께 대한 반역이고 모독이 되기 때문입니다.

다른 사람과의 관계에 있어서도 이 황금률은 모든 율법의 기본 원리가 됨을 알 수 있습니다. 십계명의 모든 내용들이 여기에 해당하고 신명기 율법이 이 원리에 기초하고 있음을 깨달아야 합니다. 또한 선지자들이 외친 모든 예언의 메시지들이 역시 같은 원리를 말씀하고 있습니다. 선을 행한 사람에겐 선한 상급과 보상이 있을 것입니다. 악을 행한 사람에겐 그가 저지른 악행에 따른 보응이 있을 것이고 영원한 심판에 처해질 것입니다. 그러므로 우상을 버리고 하나님께로 돌아오라, 그리고 악을 버리고 이웃에게 선을 행하라는 것이 선지자들의 메시지였습니다.

앞서 말했지만 이 황금률은 율법 이전의 법 즉 하나님의 쩨데크입니다. 온 세계는 이 원리에서 벗어날 수 없습니다.

그러므로 여러분 이 세상을 살 때 먼저 사람들에게 선을 베푸시기 바랍니다. 정직하고 의로운 말과 행동을 하시기 바랍니다. 그것이 모두 나에게 돌아올 것들입니다. 오늘 내가 말하고 행동하는 것들은 모두 곧 나의 미래입니다. 여러분이 오늘 행동하며 쌓아 가는 것들이 곧 여러분의 미래입니다.

저는 목회자로서 지금까지 살아오면서 인생에 섭리하는 이 원리를 항상 확인하고 경험해 왔습니다. 이것은 모든 율법 이전의 우주의 근본을 이루는 원리이기 때문에 누가 눈을 부릅뜨고 기록하고 심판하려 하지 않아도 반드시 여러분 자신에게 돌아오게 되어 있습니다. 그러므로 우리는 남의 죄에 관여할 필요가 없습니다. 남의 다툼에 끼어들 필요가 없습니다. 각자 자기가 행한 대로 받을 것이기 때문입니다.

항상 진심으로 대하시기 바랍니다. 선을 행하면서도 내가 하는 선행이 남을 이용하는 것이 조금도 관계되지 않도록 주의하시기 바랍니다. 그것이 예수님의 산상수훈에 하신 교훈입니다. 오른손의 하는 것을 왼손이 모르게 하라고 말씀하셨습니다(6:3). 모든 선한 일은 온전히 선행으로써만 되어야 합니다. 선한 일을 하면서도 꼭 그때마다 기자들을 불러다가 사진을 찍고 소식지에 내는 교회들이 있습니다만 나는 이해하지 못합니다. 남이 어떻게 알고 소문이 새어 나가는 것은 어쩔 수 없지만 내가 하는 선행을 통해서 나나 내 교회가 반대급부를 함께 얻으려고 하는 것은 진실한 선행이 아닙니다. 그것도 나중에 다 나와 우리 교회에게 돌아옵니다.

그러므로 할 수 있는 한 우리 교회는 드러나지 않게 선을 행하도록 주의해야 합니다. 우리의 선의가 오염된 채 상대방에게 전달되어선 안 되기 때문입니다. 그럼 언젠가 나나 내 자녀가 그렇게 오염된 선물들을 받게 될 것입니다. 이것은 우주의 근본 원리입니다.

그 말은 이것이 곧 하나님의 속성이라는 뜻입니다.

하나님의 의로우심은 변할 수 없는 하나님의 근본 그 자체입니다. 그것을 성경이 쩨데크라고 말하는 것입니다. 모든 율법과 계명 즉 모든 미쉬파트는 그 위에 세운 담과 길과 같은 것입니다. 이것이 율법이요 선지자니라 하신 예수님 말씀의 의미입니다.

그러므로 오늘 7:12절의 황금률을 항상 마음에 새기고 평생에 선을 행하고 진실을 나누는 사람이 되시기 바랍니다. 무엇보다 마음으로 하나님을 사랑하고 충실한 삶을 사시기 바랍니다. 그러면 그것이 곧 여러분이 받게 될 미래가 될 것입니다. 할렐루야!

마태복음 7:13-20

13. 좁은 문으로 들어가라 멸망으로 인도하는 문은 크고 그 길이 넓어 그리로 들어가는 자가 많고
14. 생명으로 인도하는 문은 좁고 길이 협착하여 찾는 이가 적음이니라
15. 거짓 선지자들을 삼가라 양의 옷을 입고 너희에게 나아오나 속에는 노략질하는 이리라
16. 그의 열매로 그들을 알찌니 가시나무에서 포도를, 또는 엉겅퀴에서 무화과를 따겠느냐
17. 이와 같이 좋은 나무마다 아름다운 열매를 맺고 못된 나무가 나쁜 열매를 맺나니
18. 좋은 나무가 나쁜 열매를 맺을 수 없고 못된 나무가 아름다운 열매를 맺을 수 없느니라
19. 아름다운 열매를 맺지 아니하는 나무마다 찍혀 불에 던지우느니라
20. 이러므로 그의 열매로 그들을 알리라

좁은 문으로 들어가라 멸망으로 인도하는 문은 크고 그 길이 넓어 그리로 들어가는 자가 많고 생명으로 인도하는 문은 좁고 길이 협착하여 찾는 이가 적음이니라.

멸망과 영생을 가르는 문에 대한 이야기입니다. 이 말씀을 듣고 굳이 좁은 골목길을 찾아다니는 일이 없으시기 바랍니다. 이 길은 삶의 방식, 행동철학, 종교와 신념에 관한 길을 의미합니다. 그 면에 있어서는 사람들이 많이 가는 길을 피하면 일단 안전한 것 같습니다. 많은 사람들이 가는 길은 일단 한번 멈춰서 보는 습관이 필요합니다.

생명 얻는 믿음의 길은 대중적이지 않습니다. 기독교 신앙이 대중화가 된다면 마치 하나님의 나라가 임한 것 같아서 좋을 것 같다고 상상할 수 있지만 진리의 말씀은 변하지 않습니다. 실제로 로마 가톨릭이 유럽과 세

계 여러 지역을 그렇게 만들었습니다만 과연 그 지역들에 하나님의 나라가 임했습니까? 이것은 역사가 이미 확인해 준 사실입니다.

이 땅에 하나님의 나라를 확장해 나간다구요? 그것이 개인 개인의 영혼을 향한 말일 때는 옳은 말입니다만 그것이 지역이나 정치-사회적 경계를 의미하는 말일 때는 틀린 말입니다. 만일 그런 목표로 일하고 있다면 그것은 이미 그릇된 결과를 향해 도전해 나가는 것과 같습니다.

생명 얻는 길은 대중적이지 않습니다. 안 그랬으면 하는 우리의 바람이 있지만 주님은 그렇게 말씀하셨습니다. 모든 사람과 같이 가려고만 생각지 마십시오. 그 길을 가는 사람이 내 친구요 형제가 되는 것입니다.

민주주의는 다수결의 원칙에 의해서 결정을 내리고 판단을 합니다만 진리는 사람들의 동의를 필요로 하지 않습니다. 생명의 길은 사람의 의견에 의해서 정해지지 않습니다. 진리와 의의 길은 세상이 창조되기 이전에 이미 있었고 완성되어 있었던 것입니다.

그러므로 생명 길을 따라 인생을 살고자 하는 사람은 용기가 필요합니다. 이 길은 들락날락할 수 없습니다. 우리는 두 길 중에 한 길로만 갈 수 있습니다.

좁은 문으로 들어가라! 이 길은 복음의 문 십자가 복음의 문입니다. 필연적으로 좁은 문은 좁은 길로 이어져 있습니다. 좁은 길은 믿음의 길, 의의 길입니다. 옳은 길을 따라서만 가시기 바랍니다.

그러면 문은 좁은 문으로 들어가고 길은 많은 사람이 가는 대로 보편적인 길로 갈 수는 없습니까? 그거 참 듣기에 참신해 보이는 생각입니다. 그에 대해서 이어지는 말씀에 교훈이 더해져 있습니다.

거짓 선지자들을 삼가라 하시면서 하신 마지막 교훈입니다. 무엇으로 그들의 실체를 분별하게 된다고 말씀하셨습니까? 그들의 열매로 그들을 알찌니라고 하셨습니다. 그들은 양의 옷을 입고 나온다고 했지만 그들의 속은 노략질하는 이리라고 하셨습니다. 이어서 좋은 나무 나쁜 나무의 판결은 그 나무들이 맺는 열매에 의해서 판결된다고 말씀하셨습니다.

따라서 여러분, 좁은 문으로 들어가 생명은 얻길 바라고 길은 수월하고 대중적인 넓은 길을 따라 산다면 그 사람은 어떤 열매, 어떤 삶의 모습을 가지게 될까요? 그가 들어간 문도 거짓이 되어 버리고 그는 결국 멸망의 길로 간 사람이 되는 것입니다.

사실상 불가능한 일인데 현실에서는 그런 모양을 가진 사람들이 많다는 것입니다. 주님은 부연해서 다시 말씀하십니다. 좋은 나무가 나쁜 열매를 맺을 수 없고 나쁜 나무가 좋은 열매를 맺을 수 없느니라. 그러므로 여러분 누가 예수를 영접했네, 또는 하나님의 일군으로 헌신을 했었네 하는 것은 그가 이후에 살아가는 삶에 의해서 참과 거짓이 판결된다는 교훈입니다.

구원론에 대해서 많은 사람이 오해하는 점이 이것을 제대로 깨닫지 못했기 때문입니다. 알려고 하지 않지요, 왜냐하면 넓은 길로, 보편적인 신앙의 길로 살아가고 싶으니까요. 애초에 문과 길은 하나입니다. 그 길의 시작이 그 문이라는 것이지요. 예수님의 말씀을 통해 주님께서 그려 주신 그림을 정확히 보시기 바랍니다.

많은 사람들이 너무나도 문만 이야기 합니다. 구원의 문, 천국의 문, 영생의 문만 이야기하고 문만 바라봅니다. 복음조차도 문만 전도합니다. 이것이 실제적 신앙의 교훈인 제자도와 거리가 먼 복음입니다. 우리는 예수님 당시의 제자도라는 것이 무엇이었는지 다시 기억하고 배운 것을 잘 새겨야 합니다.

문이라는 것은 어떤 길의 시작에 있는 것입니다. 그래서 그 문으로 들어가는 것을 입문한다고 하지 않습니까?

좁은 문에 대한 교훈 뒤에 거짓 선지자와 좋은 나무 나쁜 나무에 대한 교훈이 이어지는 것은 이 때문입니다. 이것을 분명히 하기 위해서 덧붙여 말씀하신 것입니다. 마지막 날에 많은 사람들이 몰랐다고 뒤늦은 항의를 할 수 있기 때문입니다.

모른 것은 감안되지 않습니다. 성경은 복음에 대하여 모든 것을 완전하게 말씀하셨기 때문입니다. 왜 제대로 알려 하지 않았습니까? 많은 사람들이 대부분 옳다고 하는 것을 누가 믿으라고 했습니까? 그걸 왜 믿었습니까? 끝까지 알고 찾고 확인하려는 걸 귀찮아했기 때문이 아니었습니까? 대충 사는 것이 잘하는 것일까요? 믿고 싶어서 믿은 것 아니었나요? 옳아서 믿었습니까? 바울은 네가 배우고 확신한 일에 거하라고 강조했습니다. 그것은 대충 사고 하고 사는 것을 원천 봉쇄하는 가르침입니다.

20절에 이러므로 그의 열매로 그들을 알리라!

산상수훈의 사실상 교훈의 끝입니다. 그 뒤는 경고입니다. 우리는 이 모든 교훈의 말씀을 들었습니다. 이제는 실천만이 우리 앞에 놓여 있습니다. 나를 사랑하는 자는 나의 계명을 지킬 것이라고 예수님은 말씀하셨습니다. 우리가 주님께서 가르치신 교훈, 계명을 지키는 일은 우리가 주님의 제자 됨을 증거하는 길이기도 하며 무엇보다 주님을 사랑하기 때문입니다. 예수님을 사랑하시면 아멘 하십시다. 그러면 주님의 계명의 길만을 따라 살기를 원하는 분들도 아멘 하십시다. 이와 같이 하여 마지막 날에 참제자였던 자로 인정되기를 소원하고 축복합니다.

마태복음 7:21-29

21. 나더러 주여 주여 하는 자마다 천국에 다 들어갈 것이 아니요 다만 하늘에 계신 내 아버지의 뜻대로 행하는 자라야 들어가리라
22. 그 날에 많은 사람이 나더러 이르되 주여 주여 우리가 주의 이름으로 선지자 노릇하며 주의 이름으로 귀신을 쫓아 내며 주의 이름으로 많은 권능을 행치 아니하였나이까 하리니
23. 그때에 내가 저희에게 밝히 말하되 내가 너희를 도무지 알지 못하니 불법을 행하는 자들아 내게서 떠나가라 하리라
24. 그러므로 누구든지 나의 이 말을 듣고 행하는 자는 그 집을 반석 위에 지은 지혜로운 사람 같으리니
25. 비가 내리고 창수가 나고 바람이 불어 그 집에 부딪히되 무너지지 아니하나니 이는 주초를 반석 위에 놓은 연고요
26. 나의 이 말을 듣고 행치 아니하는 자는 그 집을 모래 위에 지은 어리석은 사람 같으리니
27. 비가 내리고 창수가 나고 바람이 불어 그 집에 부딪히매 무너져 그 무너짐이 심하니라
28. 예수께서 이 말씀을 마치시매 무리들이 그 가르치심에 놀래니
29. 이는 그 가르치시는 것이 권세 있는 자와 같고 저희 서기관들과 같지 아니함일러라

이제 마태복음 산상수훈의 마지막 부분입니다. 언제나 모든 말씀이 다 진리의 말씀이지만 마지막에 하신 말씀이 가장 중요하고 결정적인 교훈일 경우가 많습니다. 본문의 말씀은 결국 이 모든 말씀을 듣고 행한 사람들의 최후 결론에 대하여 말씀하신 내용입니다. 반석 위에 집은 지은 사람들이 있고 모래 위에 집을 지은 사람들이 있으며 이 사람들은 또한 마지막 날에 주여 주여 부르며 왔다가 주님께로부터 거절당하고 쫓겨나게 될 사람들과 동일한 부류입니다.

그것은 그들에게 마치 좋은 땅에 집을 지었다고 생각하다가 삽시간에 홍수에 파멸되어 버리는 집과 같은 결과라는 것을 보여 줍니다.

나더러 주여 주여 하는 자마다 천국에 다 들어갈 것이 아니요 다만 하늘에 계신 내 아버지의 뜻대로 행하는 자라야 들어가리라!

여기 예수님의 구원론이 명확하게 선포되어 있습니다. 구원은 예수를 주라고 시인하는 것만으로 완성되는 것이 아니라 하나님의 뜻대로 행한 삶의 결과로 주어진다는 말씀이었습니다. 예수를 주라고 시인하는 것은 이제자의 길에 들어선 순간의 결단을 의미하는 것입니다. 그 영접과 믿음의 고백으로 이 길에 들어온 것입니다.

그런데 저렇게 오해를 하고 살다가 파멸에 이르게 될 사람이 많다고 예언하신 것입니다. 그것은 좋은 땅에 집을 짓고 살다가 갑자기 홍수를 당하는 집 주인이 느낄 당혹감과 흡사할 것입니다. 그는 그곳이 와디인 줄 몰랐던 것일까요?

이스라엘 광야에는 와디 즉 건천이라 해서 평상시에는 편평하고 좋은 마치 마사토 같은 땅이 있습니다. 주위 다른 땅은 불규칙하고 거친 암석들이 널부러져 있는 광야 지대입니다. 그러나 우기가 되면 멀리서부터 큰 홍수가 많은 토사물들과 함께 몰아닥칩니다. 일 년 내내 심지어 몇 년 동안 고운 흙으로 된 편평한 땅이었던 곳이 삽시간에 거센 물살이 흐르는 강 한복판이 되어 버리는 것입니다. 이것은 이스라엘 사람들조차도 예측하지 못해서 여행 중에 조난을 당해 사망하는 일이 발생하곤 합니다. 이것이 와디의 실상입니다. 반면에 돌 위에 집을 지은 사람은 짓는 과정도 훨씬 더 힘들고 이후에 생활하는 환경도 물을 길러 멀리 가야 하기 때문에 좀 더 힘들겠지만 실상 어떤 기후 상황에서도 그는 안전한 곳에 거하는 것입니다.

주여 우리가 주의 이름으로 선지자 노릇도 하고 주의 이름으로 귀신도 내어 쫓았고 주의 이름으로 많은 권능을 행하였지 않냐고 반문하리라고 말씀하셨습니다. 지금 기준으로 말하면 거기엔 목사도 있고 설교자나 특별한 영적 능력을 나타낸 사역자들 중에 이럴 사람이 많은 것이라는 말씀입니다. 하물며 그조차도 되지 않는 사람들은 이 무리에 기본적으로 다 포함되어 있는 것으로 보아야 하지요. 그들은 감히 나서지 못하고 그들 중에 대표적으로 항의하고 반문할 만한 사람들이 나서서 반문하는 장면을 말씀하신 것입니다. 그때에 내가 저희에게 밝히 말하되 내가 너희를 도무지 알지 못하니 불법을 행하는 자들아 내게서 떠나가라 하리라

이 사람들에 관한 말씀을 들으면 충격 받을 사람들이 꽤 될것입니다. 이천 년 전에 말씀하신 걸 가지고 왜 이제 와서 충격을 받는걸까요? 이것이 예수님의 구원론 총강입니다.

이들의 말을 잘 살펴보면 이들이 예수님의 이름으로 특별한 사역들을 행한 것을 알 수 있습니다. 그런데 이들이 한 일들을 스스로 일컬어 한 말들 가운데 어떤 사람이 구원을 받았고 어떤 사람들을 제자로 만들어 세웠노라고 주장하는 말이나 그런 뉘앙스조차 들어 있지 않습니다.

예수님이 사도행전 1장 8절에 또 마가복음 16장에 성령을 받으면 이러이러한 일을 행하게 될 것이라는 말씀을 하셨지요. 그건 성령받은 제자들에게 나타날 능력을 말씀한 것입니다. 그런데 정작에 예수님께서 명령하신 말씀은 무엇이었습니까?

사람들에게 복음을 전하여 그들의 영혼을 구원하고 그들을 제자로 삼아 주님의 모든 말씀을 가르쳐 지키게 만들라는 명령이었습니다.

또 내 어린 양을 먹이라 내 양을 치라 내 양들을 먹이라는 명령이었습니다. 전부 주님의 사람들에 대한 명령이었습니다.

예수님께 와서 주여 주여 하는 이 사람들이 주장한 그들이 살면서 행한 주의 일들 중에 사람에 대한 결과는 어디 있습니까? 왜 그 진술은 빠져 있는 겁니까? 이걸 놓쳐선 안 됩니다.

그러므로 진실로 주의 길, 구원의 복음을 따라 살지 않은 인생은 다른 사람의 영혼을 구원할 수도 또 제자로 세울 수도 없다는 사실을 여기서 확인하는 것입니다. 능력은 나타날 수 있습니다. 그러나 내가 진실로 구원의 길 위에서 생명의 삶을 제대로 살아온 증거는 나를 통해서 주님을 영접하고 그 길을 따라 성장해 나가는 주의 참제자가 있어야 합니다. 마지막 심판 날에 그들이 나의 생명을 증언해 줄 것입니다.

여기 이 사람들은 전부 자기 스스로 자신을 증거하고 있습니다. 그들을 변호해 주고 증거해 줄 사람은 없는 걸까요? 심지어 예수님조차도 그들을 모른다고 부인하신다면 말 다한 것 아니겠습니까?

바울은 그의 제자들을 향하여 너희가 나의 자랑이라고 말씀하였습니다.

그러므로 우리는 마지막 날에 자신들의 구원은 당연히 안전할 것이라고 여기고 살아왔다가 주님 앞에서 모조리 부인당하고 충격 속에 쫓겨나게 될 사람들은 어떤 종류의 사람들인지 충분히 깨닫고 이해할 수 있습니다.

예수님은 산상수훈의 가장 중요한 부분을 가장 많은 분량으로 교훈하시고 경고하셨습니다. "나의 이 말을 듣고 행하라" 이것이 예수님의 결론입니다.

우리는 진짜 제자들이 되어서 이 들어선 구원의 길을 끝까지 잘 달려서 이 길에서 뭇 영혼들을 구원하고 참제자의 길에 세워 나가는 진정한 주님의 일군들로서 살아가십시다.

마태복음 8:1-4

1. 예수께서 산에서 내려 오시니 허다한 무리가 좇으니라
2. 한 문둥병자가 나아와 절하고 가로되 주여 원하시면 저를 깨끗케 하실 수 있나이다 하거늘
3. 예수께서 손을 내밀어 저에게 대시며 가라사대 내가 원하노니 깨끗함을 받으라 하신대 즉시 그의 문둥병이 깨끗하여진지라
4. 예수께서 이르시되 삼가 아무에게도 이르지 말고 다만 가서 제사장에게 네 몸을 보이고 모세의 명한 예물을 드려 저희에게 증거하라 하시니라

예수님께서 산상수훈을 마치시고 내려오시니 많은 무리가 따라 내려왔습니다. 그때 한 문둥병자가 예수님께 나와 절하고 간청했습니다. "주여 원하시면 저를 깨끗케 하실 수 있나이다" 본문 말씀대로 예수님은 그에게 손을 대시며 "내가 원하노니 깨끗함을 받으라"고 말씀하심으로써 그의 문둥병을 즉시로 깨끗하게 고쳐 주셨습니다.

마태복음에 예수님께 문둥병이 고침받은 최초의 사례입니다. 이 이후로 많은 문둥병자들이 고침을 받게 됩니다. 산상수훈 이전에 예수님께서 이미 많은 병자들을 고치셨다고 하는 기사가 있으나 그중에 문둥병을 고치셨다는 언급은 없었습니다.

그런데 산상수훈 이후에 문둥병이 고침받는 첫 사건이 발생한 것입니다. 그 당시 모든 질병 중에 최악의 질병, 그래서 천형이라고도 알려진 병이 바로 문둥병이었습니다. 문둥병이 걸리면 자기가 사랑하던 모든 사람들까지도 이별해야만 하고 사람들의 사회로부터 완전히 버림받은 저주의 골짜기 같은 곳에서 은신하다가 죽어야 하는 무서운 질병이었습니다. 이 문둥병은 최근까지도 인류 사회가 치료 불가능한 병이었습니다.

다른 병은 아무리 중병이더라도 사회 안에서 겪을 수 있는 병입니다. 돌봐 주는 사람도 있고 사랑하는 사람과 죽을 때까지 함께할 수 있습니다만 문둥병은 발병하는 순간부터 자기가 알던 모든 세상으로부터 떨어져 나가는 것입니다.

문둥병은 저주였습니다. 과거 광야에서 미리암이 모세를 대적하다가 하나님께 버림을 받아 문둥병이 발생한 사건이 있었습니다. 또 엘리사의 종 게하시가 스승을 속이고 하나님의 영광을 깎아 내리는 뇌물을 챙기다가 저주를 받아 문둥병이 걸렸습니다. 성경에서 문둥병이 발병했던 사례는 전부 하나님께 범죄 하여 저주를 당한 사례들이었습니다. 그리고 실제로도 문둥병은 저주스런 병임을 누구나 알 수 있는 무서운 병이었습니다. 살아있는 채로 죽은 자와 같이 세상과 분리된 채 고통 가운데 살아가는 것입니다. 저절로 무기수와 같이 되어 버리는 것입니다.

최근 성경은 이것을 나병이라고 의학적인 용어로 표현화고 있습니다만 본래 헬라어인 "레파"로부터 모두 온 말입니다. 나병이 병의 원인균을 기준으로 일컫는 용어라면 문둥병은 포괄적인 증상을 중심으로 일컫던 순 우리말이지요. 따라서 고대의 성경을 기준으로 하면 문둥병이 더 적당해 보입니다. 고대에 병을 일컫는 말이 대부분 나타난 증상을 기준으로 일컬어 왔기 때문입니다.

하여튼 이 병은 이렇게 저주 자체인 고통의 질병이었습니다.

그런데 이 병은 산상수훈이 선포된 이후로부터 고침받기 시작했습니다. 우리가 오해하지 말아야 할 것은 예수님은 병자를 고치기 위해 오신 것이 아니었습니다. 예수님은 우리 죄를 친히 대속하여 용서받게 하기 위해 오신 것입니다. 병자를 고치신 것은 주님의 긍휼 그 자체였으며 동시에 주님께서 증거하신 복음의 실재성에 대한 표적이었습니다. 그것을 분명히 구분해서 이해하지 않으면 이 당시의 사람들과 같은 오류에 빠지게 될 것입니다.

우리는 예수님으로부터 무엇을 구합니까? 무엇을 필요로 합니까? 천국이 먼저입니다. 천국 복음, 하늘의 계명이 먼저입니다. 그 이후에 우리의 삶의 절실한 문제도 건짐을 받아야 하겠지요. 일단 산상수훈이 세상에 다 선포되기 전까지 성경은 문둥병자의 치유를 말씀하지 않았습니다. 구원이 먼저입니다. 하늘을 향해 가는 길이 먼저입니다. 그 길 안에서 우리 인생의 문제들도 하나님의 치유와 도우심을 얻어 가는 것입니다.

그런데 우리는 몸이 아파서 또는 문제가 심각하여 주님께 나아오기 시작하는 것이 현실입니다. 여기 모인 이 사람들도 대부분 그래서 소문을 듣고 예수님 주변으로 몰려든 사람들입니다.

그러나 어떻게 해서 왔든 예수님 앞에 왔으면 내 인생의 어떤 문제보다도 더 중하고 심각한 영생의 문제 죄의 문제를 먼저 깨달아야 합니다. 영생을 먼저 얻어야 합니다. 죄를 용서 받아야 합니다. 이 문제가 얼마나 중한 문제인지를 깨달은 사람은 자기가 가지고 올라온 질병의 문제든 세상 어떤 문제든 그것은 이제 그렇게 중요한 문제가 아닙니다. 도와주시면 감사하고 아닐지라도 나를 영생의 길에 올려 주시고 죄를 사해 주신 하나님의 은혜에 그저 감사할 수 있으며 어떤 처지에서든지 은혜의 삶을 살아갈 수 있게 되는 것입니다.

주님은 인간에게 가장 저주스런 질병을 고치시기에 앞서 먼저 산상수훈의 교훈과 계명을 먼저 말씀하심으로써 앞으로 주님께서 반복해서 전하고 가르치실 모든 말씀을 먼저 선포하셨습니다.

그리고 산애서 내려왔을 때 이 사람이 나타난 것입니다. 믿음은 창의적인 기대가 있어야 합니다. 지금까지 이런 병까지 고침받았다는 말은 없었어도 다른 병들을 고치시는 예수님께서 자신의 문둥병도 고치실 수 있다고 믿고 나와 엎드려 간청한 것입니다.

주님은 당신을 합당하게 기대하는 사람의 간청을 들어주셨습니다. 그는 의심치 않았고 능히 예수님께서 결정만 하시면 자기 문둥병을 깨끗케 하실 수 있다고 믿었고 그렇게 말했습니다. 인자하신 주님께서 그를 깨끗하게 되기를 원하셨습니다.

세상에서 가장 더러운 병에 걸린 사람이 깨끗하게 되는 기적이 산상수훈이 선포된 후에 가장 먼저 일어난 사건이 되었습니다. 이것은 이 산상수훈의 말씀이 어떤 교훈인지를 알려 주는 간접의 메시지이기도 한 것입니다.